AF747265

Le statut juridique de l'assistance médicale à la procréation

BIBLIOTHÈQUE*S* DE DROIT

COLLECTION FONDÉE ET DIRIGÉE PAR JEAN-PAUL CÉRÉ

Cette collection a pour vocation d'assurer la diffusion d'ouvrages scientifiques sur des thèmes d'actualité ou sur des sujets peu explorés dans le domaine des sciences juridiques. Elle se destine notamment à la publication de travaux de jeunes chercheurs.

Dernières parutions :

E. MANGIN, L'univers carcéral, la mère détenue et son enfant

P. LAURENT, L'incohérence des lois de circonstances en matière pénale

P. GOASDOU, L'impartialité du ministère public

M. GERMAIN, Essai sur l'influence du pédophile à l'égard du silence des tiers

F. LOUISE, Droit de grâce sous la Ve République

C. MORALES, Le droit animal

C. MENABE et M. MARTINELLE (dir.), L'enfant en prison

Y. JEANNERET, A. KUHN et B. LAPEROU-SCHENEIDER, Droit pénal français et droit pénal suisse

B. BARRAUD, Le pragmatisme juridique

N. LORY, La saisie pénale des biens incorporels

M. PERRIN, Le statut pénal de l'animal

A. TATARINOFF, Génocide et crimes de masse (1933-1946)

P. ROUSSEAU, Autonomie personnelle et droit pénal

BIBLIOTHÈQUE DE *DROIT DE LA SANTE*

Mathilde Bonnard

Le statut juridique de l'assistance médicale à la procréation

L'Harmattan

© L'Harmattan, 2018
5-7, rue de l'Ecole-Polytechnique, 75005 Paris

http://www.editions-harmattan.fr

ISBN : 978-2-343-16401-4
EAN : 9782343164014

Remerciements

Tout d'abord, je tiens à remercier les directeurs du Master 2 Droit de l'entreprise médicale, pharmaceutique et dentaire, M. Bruno Py et Mme Julie Leonhard, de m'avoir permis de découvrir et d'étudier le droit médical. On oublie trop souvent que du Master 1 au Master 2, une sélection s'opère. Parmi les demandes, vous avez sélectionné vingt-trois étudiants afin qu'ils intègrent votre Master 2. Je voudrais vous remercier de nous avoir choisis, de nous avoir fait confiance, mais surtout de nous avoir transmis votre passion pour cette discipline.

Je souhaiterais ensuite remercier, tout particulièrement, ma directrice de mémoire, Mme Julie Leonhard. Collaborer avec vous s'est avéré être un véritable plaisir. Votre ouverture d'esprit, votre humour et votre rigueur ont été un cocktail important pour avancer dans la rédaction de ce mémoire. Fruits de vos conseils et de mes réflexions, cette présente étude n'est ni un « bébé-médicament », ni un « bébé-cloné », c'est un « bébé-recherche ». Je vous remercie de m'avoir accompagnée tout au long de cette année universitaire.

Dans le cadre du Master 2, un stage devait être effectué. Je tiens donc à remercier Maître Jean-Marc Dubois et Maître Bertrand Marrion, de la SCP Dubois – Marrion, de m'avoir aussi chaleureusement accueillie.

D'assignations en conclusions, d'expertises en audiences, vous ne m'avez dissimulé aucun des recoins qui composent le « Monde des avocats ». Vous ne m'avez pas caché les affaires les plus dures ou les plus troublantes, vous m'avez amenée à réfléchir sur la place de l'Homme dans notre système...

Complémentaires, mais si différents, vous appréhendez pourtant ce métier avec le même regard : « nous voyons la misère », la noirceur, « de l'Homme ». À travers ces mots, que chacun à votre tour vous avez prononcés, il me semble avoir entraperçu un univers empreint de philanthropie, car ce sont tous les hommes, sans différence, qui ont le droit d'être défendus.

Aucune journée ne se ressemblait, aucun dossier n'avait les mêmes enjeux. À votre contact, j'ai beaucoup appris à la fois sur le Droit, sur l'Homme, mais surtout sur moi-même. J'ai tout particulièrement apprécié travailler avec vous, dans cette ambiance chaleureuse et rigoureuse, dans ce petit cocon qu'est la SCP Dubois-Marrion...

Pour tous ces moments, pour tous ces enseignements, je vous remercie et vous assure rester votre bien dévouée stagiaire.

Je remercie également Maître Kévin Duprat de m'avoir fait confiance et de m'avoir « hébergée » quelques jours.

Le poète Gabriel Legouvé disait : « *Un frère est un ami donné par la nature* ». J'aimerais enfin remercier mon frère aîné, Alaric Bonnard, qui a eu la patience et l'indulgence d'être mon bêta-lecteur. Il n'y a pas de monde sans philosophe, il n'y a pas de monde sans juriste. Il me semble que Droit et Philosophie doivent œuvrer ensemble...

Platon voulait que le pouvoir appartienne aux plus sages de la Cité, à savoir les philosophes. À défaut, le philosophe ne sera plus que le conseiller d'un « bon tyran ». Durant plusieurs semaines, tu as conseillé un petit tyran...

À Alaric et Jocelyn, les Lettres et la Science.

Principales abréviations

ABM........ Agence de la biomédecine
AJ fam........ Actualité juridique famille
al........ Alinéa dans un texte juridique
AMP........ Assistance médicale à la procréation
AN........ Assemblée nationale
ANSM........ Agence nationale de sécurité du médicament et des produits de santé
art........ Article (loi, décret ou arrêté)
ASE........ Aide sociale à l'enfance
Bull........ Bulletin
Bull. civ........ Bulletin des arrêts de la Cour de cassation (ch. civiles)
CA........ Cour d'appel
CAA........ Cour administrative d'appel
CADA........ Commission d'accès aux documents administratifs
Cass. ass. plén........ Assemblée plénière
Cass. civ........ Cour de cassation (chambres civiles)
CCNE........ Comité consultatif national d'éthique pour les sciences de la vie et de la santé
C. const........ Conseil constitutionnel
CE........ Conseil d'État
CECOS........ Centres d'étude et de conservation des œufs et du sperme
CEDH........ Cour européenne des droits de l'Homme
CHU........ Centre hospitalier universitaire
CIDE........ Convention internationale des droits de l'enfant
civ........ Cour de cassation (chambres civiles)
CNAOP........ Conseil national pour l'accès aux origines personnelles
CNGOP........ Collège national des gynécologues et obstétriciens français
CNIL........ Commission nationale de l'informatique et des libertés
comm........ Commentaire
C. pén........ Code pénal
C. santé publ........ Code de la santé publique

D. .... Dalloz (recueil)
dir. .... Sous la direction de
DPI .... Diagnostic préimplantatoire
éd .... Édition ou nom de l'éditeur
et s. .... Et suivants
FIV .... Fécondation *in vitro*
Gaz. Pal. .... Gazette du Palais
GPA .... Gestation pour autrui
gde ch. .... Grande chambre
IA .... Insémination artificielle
IAD .... Insémination artificielle avec donneur anonyme
ibidem/ibid .... Au même endroit
IGAS .... Inspection générale des affaires sociales
INED .... Institut national d'études démographiques
INSEE .... Institut national de la statistique et des études économiques
JCl .... Jurisclasseur
JCP G .... La Semaine Juridique – Édition générale
JO / JORF .... Journal officiel de la République française
JOAN Q ...... Journal officiel (Questions réponses) Assemblée nationale
JO Sénat Q .... Journal officiel (Questions réponses) Sénat
n° .... numéro
OMS .... Organisation mondiale de la santé
OPECST .... Office parlementaire d'évaluation des choix scientifiques et technologiques
PMA .... Procréation médicalement assistée
PUF .... Presses universitaires de France
QPC .... Question prioritaire de constitutionnalité
RDS .... Revue droit et santé
RDSS .... Revue de droit sanitaire et social
RFDA .... Revue française de droit administratif
RTD civ. .... Revue trimestrielle de droit civil
sect. .... Section
TA .... Tribunal administratif
TGI .... Tribunal de grande instance
UNESCO .... Organisation des Nations unies pour l'éducation, la science et la culture

Introduction

1. D'un acte volontaire et naturel à un acte volontaire et artificiel. En 1898, Sigmund Freud écrivait : « *Ce serait théoriquement l'un des plus grands triomphes de l'humanité, l'une des libérations les plus tangibles à l'égard de la contrainte naturelle à laquelle est soumise notre espèce, si l'on parvenait à élever l'acte responsable de la procréation au rang d'une action volontaire et intentionnelle, et à le dégager de son intrication avec la satisfaction nécessaire d'un besoin naturel* »[1].

Près d'un siècle plus tard, il s'avère que le souhait de Freud s'est réalisé. En effet, grâce à la contraception et à l'avortement, médicalisé ou non, l'assouvissement d'un besoin sexuel n'est plus *ipso facto* lié au risque de procréer. En Europe occidentale, la plupart des naissances résultent d'un désir préalable[2] ; l'acte de procréer est donc devenu une « action intentionnelle ».

Cependant, la réalité a dépassé ce que Freud avait imaginé. Aujourd'hui, il est en général possible de « commander » un enfant, mais l'Homme est allé plus loin en offrant au couple stérile la faculté de donner la vie. Annihilant les obstacles physiologiques, l'assistance médicale à la procréation a permis de réaliser l'espoir de conception de ces couples.

---

1 FREUD (S.), « La sexualité dans l'étiologie des névroses », *in La première théorie des névroses*, rééd. PUF, Quadrige, Psychologie et psychanalyse, 2010, p. 172.

2 FRYDMAN (R.), « De l'exacerbation du moi dans la transmission de la vie », *in* WIEVIORKA (M.), LÉVI-STRAUSS (C.) et LIEPPE (G.) (dir.), *Penser Global : Internationalisation et globalisation des sciences humaines et sociales,* Éditions de la Maison des sciences de l'homme, 2014, p. 205.

2. Définitions de l'AMP. Avant de s'intéresser à la législation qui encadre l'assistance médicale à la procréation (AMP) ou la procréation médicalement assistée (PMA), il convient de revenir sur l'étymologie, puis sur la définition scientifique et juridique de cette pratique. S'agissant de la notion de « statut juridique », la présente étude se contentera de renvoyer à celle du Professeur Cornu en la matière[3].

3. Étymologie. Le terme « assistance » dérive du latin *assistere*, qui signifie « se placer auprès de », « se tenir auprès de ». De cette racine, on déduit l'idée d'un soutien, d'une aide apportée. L'adjectif « médical » renvoie au domaine de la médecine, en latin *medicina*, qui signifie l'art de guérir. Lorsqu'on s'intéresse au sens profond des mots, il appert que cette association, « assistance médicale », ressemble à un pléonasme, car des deux termes émane l'idée d'une aide portée à autrui.

S'agissant du terme « procréation », il vient du latin *procreo*, composé de la préposition *pro* signifiant « devant » et du verbe *creo* signifiant « créer ». *Procreo* signifie donc littéralement « créer devant soi ». Le terme est tourné vers l'avenir et suppose la création d'un être à partir de soi, qui succédera aux géniteurs. Autrement dit, il s'agit de donner la vie.

L'assistance médicale à la procréation peut donc s'entendre comme une aide, une intervention dans le processus d'engendrement. Cependant, on peut légitimement se demander de quelle nature est cette aide. S'agit-il d'un accompagnement lors du rapport sexuel ? Une infertilité serait-elle à l'origine de cette aide ? Si tel est le cas, cette pratique viserait-elle à guérir l'infertilité ?

4. Définition scientifique. La procréation commence par la fécondation, c'est-à-dire la rencontre des gamètes

---

3 CORNU (G.), *Vocabulaire juridique*, 9 éd., PUF, Quadrige, Dico poche, 2011, p. 979.

masculins, spermatozoïdes, et féminins, ovocyte. Parmi l'escadron, un seul spermatozoïde peut pénétrer l'enveloppe de l'ovocyte. Suite à cette rencontre, les deux noyaux des cellules sont visibles. C'est seulement lors de la fusion des gamètes qu'un noyau se forme, contenant les informations génétiques. Cette étape, la fusion ou « loterie héréditaire » caractérise par essence l'espèce humaine, puisqu'elle renvoie à son caractère unique. Nullement prédéterminé, l'Homme est le fruit d'un brassage génétique, chaque cellule reproductrice apportant sa contribution à la vie.

Contrairement à l'incubation ovipare, la progéniture se développe *in utero*, c'est-à-dire à l'intérieur du corps de la mère. Fixé dans l'utérus, l'embryon grandit grâce aux échanges d'aliments et d'oxygènes véhiculés par le cordon ombilical. À la fin de la huitième semaine de grossesse, l'embryon change de statut, scientifiquement et juridiquement, pour devenir un fœtus. Si le premier n'est pas considéré comme une personne à part entière, en revanche, le statut juridique du fœtus demeure incertain. En général, à l'issue des neuf mois, l'accouchement a lieu.

La procréation peut donc être soit naturelle, résultant d'un rapport sexuel, soit assistée, à savoir l'assistance médicale à la procréation.

5. Définition juridique. La PMA est définie à l'article L. 2141-1 du Code de la santé publique comme l'ensemble des techniques qui permettent la conception d'un enfant hors du processus naturel, c'est-à-dire sans qu'il n'y ait eu de rapport sexuel entre l'homme et la femme. L'enfant est donc le fruit d'une manipulation scientifique. Contrairement aux premières lois de bioéthique du 29 juillet 1994[4], la loi du 7

[4] Loi n°94-653 du 29 juillet 1994 relative au respect du corps humain ; Loi n°94-654 relative au don et à l'utilisation des éléments et produits du corps humain, à l'assistance médicale à la procréation et au diagnostic prénatal.

juillet 2011[5] a précisément limité ces différentes techniques. Ainsi, il s'agit de « *l'ensemble des pratiques cliniques et biologiques* », dont la liste est fixée par arrêté du ministre chargé de la santé après avis de l'Agence de la biomédecine (ABM), « *permettant la conception in vitro, la conservation des gamètes*[6]*, des tissus germinaux et des embryons, le transfert d'embryons et l'insémination artificielle* ».

6. Les principales techniques d'AMP. Dès lors que le couple est confronté à une infertilité prouvée médicalement ou à un risque de transmission d'une maladie grave, il peut solliciter une assistance médicale à la procréation. Les principaux traitements proposés sont l'insémination artificielle (IA) et la fécondation *in vitro* (FIV).

7. L'insémination artificielle. L'insémination artificielle[7] est une technique rapide et simple. Grâce à un fin cathéter, le professionnel de santé introduit les spermatozoïdes à l'intérieur de l'utérus de la femme lors de son ovulation. Les spermatozoïdes remontent vers les trompes à la rencontre de l'ovocyte. Les gamètes peuvent être ceux du conjoint ou d'un donneur, on parle alors d'insémination artificielle avec donneur anonyme (IAD).

---

[5] Loi n°2011-814 du 7 juillet 2011 relative à la bioéthique, JORF n°0157 du 8 juillet 2011, texte n°1, p. 11826.

[6] S'agissant des gamètes de l'homme, ils peuvent être congelés en vue d'une PMA ultérieure ou afin de préserver la fertilité qui pourrait être altérée suite à un traitement ou à une intervention (par exemple, la chimiothérapie ou l'intervention sur la prostate). Après l'obtention d'un prélèvement de sperme soit par masturbation, soit par biopsie chirurgicale (testiculaire ou épididymaire), les spermatozoïdes sont mélangés avec une solution, glycérol, afin de conserver les cellules reproductrices à très basse température. Le mélange est ensuite réparti dans des paillettes congelées et conservées dans de l'azote liquide. À l'instar de l'homme, la femme peut également conserver ses ovocytes. On parle alors de vitrification ovocytaire. Toutefois, contrairement aux hommes, le recueil des gamètes s'avère plus contraignant. Après un traitement de stimulation hormonale afin d'augmenter le nombre d'ovocytes dans un cycle, il est procédé à une ponction ovarienne. Les ovocytes ainsi prélevés sont vérifiés, puis vitrifiés.

[7] Annexe n°1, p. 217.

8. La fécondation *in vitro*. Contrairement à l'insémination artificielle dont la fécondation est réalisée *in vivo*, la fécondation *in vitro* consiste à recueillir les spermatozoïdes et l'ovocyte afin qu'ils se rencontrent dans une éprouvette, puis l'embryon est transféré dans l'utérus. À côté de la FIV classique, on trouve la FIV avec injection intracytoplasmique de spermatozoïde (ICSI[8]). La différence essentielle entre les deux réside dans la manière dont la fusion intervient. Tandis que la FIV traditionnelle implique qu'un des spermatozoïdes transperce la membrane de l'ovocyte, la FIV ICSI consiste en l'injection d'un spermatozoïde sélectionné à l'intérieur de l'ovocyte. Dès lors que l'infertilité masculine est sévère, le recours à une FIV ICSI s'impose[9].

9. Les autres techniques. À ces deux pratiques de base, de nombreuses autres méthodes s'ajoutent, afin de permettre à des personnes de devenir parents, telles que la stimulation ovarienne[10], la conservation des gamètes, les dons de gamètes ou d'embryons, ou encore le diagnostic préimplantatoire (DPI).

Grâce à la PMA, un couple peut passer outre son infertilité est avoir un enfant, voire avoir un enfant exempt de maladie génétique. Toutefois, ne peut-on pas imaginer que l'émergence de ces possibilités conduise à des dérives ? L'Homme s'est déjà affranchi de contraintes naturelles, l'infertilité et certaines maladies génétiques, ne peut-on pas imaginer qu'il s'affranchisse d'autres lois naturelles, comme celles d'être deux ? d'être vivants ? d'être en âge de procréer ? d'être un homme ou une femme ? d'être un apprenti

[8] « *Intra Cytoplasmic Sperm Injection* ».

[9] Annexe n°2, p. 218.

[10] Première proposition ou précédent les autres techniques d'AMP, elle consiste en l'administration d'hormones à une femme afin d'obtenir la maturation d'un follicule et de permettre, ainsi, une ovulation. Par mois, une femme produit un ovule. Grâce à cette pratique, elle en produit en moyenne une dizaine.

chimiste qui choisir le sexe, la couleur des yeux ou des cheveux de l'enfant à naître ?

10. Le désir d'enfant : un désir ancien, un désir profond. Le désir d'enfant, quasiment universel, est l'un des désirs les plus ancrés de l'humanité, voire de toute espèce vivante, car il s'agit d'un besoin naturel de se reproduire. Le système des récompenses, situé dans le cerveau, fournit les réflexes de survie de l'espèce, notamment se nourrir, éviter les dangers et se reproduire. Cet instinct primaire de reproduction, ce désir d'enfant n'est donc pas nouveau, parce qu'il est ancré dans chaque Homme. « *Volonté de se projeter dans l'avenir, de laisser une trace, d'assurer le renouvellement des générations, de solder les comptes vis-à-vis de ses propres parents en devenant parent à son tour* »[11], toutes ces raisons transcendent le souhait, autant d'un homme que d'une femme, d'avoir un enfant et de l'élever.

11. L'opprobre de l'infertilité. Pendant longtemps, l'infertilité était vécue comme un opprobre. Avant que la PMA ne voie le jour, les couples ont dû se satisfaire de deux autres procédés : l'adoption et la gestation pour autrui (GPA). L'adoption, connue depuis l'Antiquité, consiste à donner une famille à un enfant déjà né. Actuellement, sa portée est de plus en plus limitée, puisque le nombre d'enfants adoptables au niveau national et international est faible[12]. Les couples recouraient également à la GPA. Au fil

---

[11] MECARY (C.), « Légaliser la gestation pour autrui au nom de la dignité ? », *in* MARAIS (A) (dir.), *La procréation pour tous ?*, Dalloz-Sirey, Thèmes et commentaires, 2015, p. 101.

[12] Au niveau national, la demande d'enfants étant largement supérieure au nombre d'enfants adoptables, les familles se tournent vers d'autres États. Or, l'adoption au niveau international n'est guère mieux, puisque, selon le ministère de l'Intérieur en 2017, seulement « *685 enfants ont été accueillis par des familles françaises, soit une baisse de 5% par rapport à l'année précédente. En 2005, ils étaient environ 5 000* ».

http://www.liberation.fr/france/2018/01/26/en-france-le-nombre-d-enfants-adoptes-a-l-etranger-continue-de-chuter_1625338

de l'Histoire, des indices témoignent de son utilisation dans différentes cultures, telles que dans la Genèse[13] ou encore dans la Rome Antique, sous la locution de « *ventrem locare* », qui consistait à ce qu'une femme féconde donna la vie à un enfant, ensuite remis à un couple stérile. Bien avant les progrès scientifiques, des arrangements étaient passés afin de satisfaire ce désir d'enfant : la femme stérile faisait appel à une de ses pairs pour que son mari ait avec elle une relation charnelle. Après avoir porté et remis l'enfant, ce dernier était considéré comme étant celui du couple. Or, à l'heure actuelle, en France, la GPA est interdite.

12. De l'opprobre à la science. La science est alors intervenue afin de combler les espérances d'enfants des couples infertiles. C'est à la fin du XVIIIème siècle, en Écosse, que la première insémination artificielle a lieu[14]. Puis, à partir de 1970, la procréation ayant livré ses mystères les plus intimes, les scientifiques américains[15], britanniques[16] ou encore français[17] ont mis au point les techniques précitées. Grâce à la PMA, l'Homme a le pouvoir de décider de son destin procréatif. Or, ce pouvoir, à l'époque, tout comme aujourd'hui,

---

13 « *Saraï, femme d'Abram, ne lui avait point donné d'enfants. Elle avait une servante égyptienne, nommée Agar. Et Saraï dit à Abram : Voici l'Éternel m'a rendue stérile : va, je te prie, vers ma servante ; peut-être aurais-je par elle des enfants (…). Agar enfanta un fils à Abram ; et Abram donna le nom d'Ismaël au fils qu'Agar lui enfanta.* » La Bible, Genèse XVI ; Rachel, l'épouse de Jacob, lui envoya sa servante lorsqu'elle constata qu'elle ne pouvait lui donner d'enfants : « Voici ma servante Bilha ; va vers elle ; qu'elle enfante sur mes genoux, et que par elle j'ai aussi des fils. » La Bible, Genèse XXX, 1-3.

14 En 1789, John Hunter a obtenu une grossesse en déposant les gamètes du mari dans l'utérus de l'épouse.

15 Fin du XIXème, la première IAD est réalisée.

16 Louise Brown, née le 25 juillet 1978 à Manchester, est le premier « bébé éprouvette ». En 2010, le Docteur Robert G. Edwards, pionnier de la fécondation *in vitro*, a reçu le prix Nobel de médecine.

17 En 1982, Amandine est le premier « bébé éprouvette » français.

ne manqua pas d'engendrer des questions éthiques et juridiques[18].

13. De l'autorégulation à la volonté d'encadrer le recours à l'AMP. Dans un premier temps, l'AMP ne fut pas encadrée. Les professionnels de santé s'autorégulaient. Mais dès 1983, une graine est plantée. De 1985 à 1994, elle grandit, se nourrissant de rapports officiels, de rencontres parlementaires, de projets de lois. Quelles conditions, quelles techniques autorisées ? La procréation étant artificielle, fallait-il réserver l'accès à la PMA à un certain modèle de bénéficiaires ? Devait-on autoriser le don de gamètes, assorti d'un secret absolu, profilant l'intrusion d'un tiers dans la chambre à coucher ? Une autre femme pouvait-elle porter l'enfant d'une autre ? Au fil des saisons, la graine est devenue un chêne, traduisant les choix de société du législateur.

14. Le paradoxe des premières lois de bioéthique. C'est en effet, dans un second temps, dans les premières lois de bioéthique du 29 juillet 1994[19], que le Parlement a fixé le cadre de la PMA. Cette dernière est limitée à une finalité thérapeutique, qui vient du grec *therapeuo*, qui signifie soigner, guérir les maladies. Autrement dit, la PMA tend à guérir l'infertilité et ne répond donc au désir d'enfant que des couples hétérosexuels vivants et en âge de procréer. Le choix du législateur est révélateur, car il retient un modèle familial traditionnel : un papa et une maman. Or, paradoxalement, depuis les années 60, notamment mai 68 avec son cortège de changements de mœurs et de mentalités, le modèle classique ne prévaut plus et désormais, à ses côtés, coexistent des familles monoparentales, homoparentales, recomposées,

---

[18] FRYDMAN (R.), *Les procréations médicalement assistées,* PUF, coll. « Que sais-je ? », 1991 ; FRYDMAN (R.), *L'assistance médicale à la procréation*, PUF, coll. « Que sais-je ? », 2004.

[19] Loi n°94-653 du 29 juillet 1994 relative au respect du corps humain ; Loi n°94-654 relative au don et à l'utilisation des éléments et produits du corps humain, à l'assistance médicale à la procréation et au diagnostic prénatal.

pacsées ou en union libre. Le législateur de l'époque ne tient pourtant pas compte de ces nouvelles réalités s'agissant du recours à l'AMP pour les femmes seules ou en couples.

15. Deux révisions. Cette loi a été révisée en 2004[20], puis en 2011[21], gardant le cap d'une ligne conservatrice, c'est-à-dire que la « *médecine doit répondre à une pathologie et non à une frustration ou à un désir* »[22] d'enfant. Toutefois, cette finalité thérapeutique demeurera-t-elle pérenne avec la nouvelle loi de bioéthique prévue pour la fin d'année 2018 ?

16. Les législations étrangères. En attendant ce dénouement, les frontières françaises sont franchies sans scrupule afin de profiter de législations étrangères, notamment espagnoles ou belges, plus permissives. L'absence de consensus européen en matière de PMA développe en effet le « *tourisme procréatif* »[23].

17. Un phénomène interdisciplinaire. Depuis quelques années, des contestations s'élèvent à l'encontre des dispositions actuelles, réclamant l'abandon de la finalité médicale de la PMA. Cette demande de reconnaissance d'un droit à la procréation émane de personnes contraintes par les lois naturelles, notamment dues par le célibat, l'orientation sexuelle ou encore le décès du proche. Tous ces individus ne peuvent se satisfaire d'un enfant déjà né, réclamant haut et fort un enfant à naître. L'AMP leur offrirait un droit à la procréation qui dépasserait les lois de Mère Nature. Mais jusqu'où irait ce droit de « *devenir parent génétique* »[24] ? La pro-

---

20 Loi n°2004-800 du 6 août 2004 relative à la bioéthique, JORF n°182 du 7 août 2004, texte n°1, p. 14040.

21 Loi n°2011-814 du 7 juillet 2011 relative à la bioéthique, JORF n°0157 du 8 juillet 2011, texte n°1, p. 11826.

22 PICHERAL (C.), « Les prudentes avancées de la Cour EDH en matière d'accès au diagnostic préimplantatoire », *JCP G*, 2012, n°43, 1148.

23 LEMOULAND (J.-J.), « Le tourisme procréatif », *LPA* 28 mars 2001, p. 24. Depuis, l'expression a été largement reprise par la doctrine.

24 CEDH, 18 avr. 2006, *Dickson c. Royaume-Uni*, req. n°44362/04.

création ne se limite pas à un aspect juridique. Bien au contraire, à la croisée des chemins, elle est un phénomène interdisciplinaire.

18. Procréation et art. La première forme de contestation : c'est l'Art. Le mythe de la création fascine les artistes de toutes les époques, dans tous les domaines. Peintres[25], sculpteurs[26], musiciens[27], écrivains ou encore cinéastes se réunissent autour de cette question de la vie.

S'agissant des écrivains, Mary Shelley, dans son ouvrage *Frankenstein ou le Prométhée moderne* (1821), n'est pas seulement la pionnière de la science-fiction. Cette œuvre perce le grand mystère de la vie et transgresse les lois naturelles, puisque Victor Frankenstein parvient à engendrer une créature. Une légende juive, celle du Golem, créature faite à base d'argile, a inspiré l'auteur. Là encore, les secrets de la procréation alimentent l'imagination des cultures, des écrivains, mais aussi des cinéastes.

Concernant ces derniers, ils adaptent des ouvrages, tels que *The Handmaid's Tale* de Margaret Atwood (1985)[28]. Cette science-fiction dystopique décrit un futur où la majorité de la population est stérile à cause de la pollution, de l'alimentation, *etc.* Seules quelques femmes, « *les servantes écarlates* », peuvent encore donner la vie. Leur rôle est donc limité à la reproduction. Œuvre de 1985 adaptée près de vingt ans plus tard, elle pointe du doigt l'infertilité croissante de la société et évoque, en filigrane, la pratique de la gestation pour autrui. Mais le cinéaste ne se contente pas d'adapter, il invente également ses propres histoires. Il

---

25 *La Création d'Adam* (1508 à 1512) de Michel Ange.

26 *Les Bébés Domestiques* (2006), *Les Diners Procreatifs* (2009), *The spermbar* (2011) de Prune Nourry.

27 *Une femme avec une femme* (1988) de Mecano.

28 *The Handmaid's Tale* (2017 ;2018) de Bruce Miller.

évoque ainsi des thèmes sur le ton de l'humour[29] ou sur une note de drame[30], afin qu'une réflexion germe dans l'esprit du spectateur.

Le rôle de tous ces artistes n'est pas seulement de divertir le public ou d'être applaudis, mais bien au contraire d'interpeler la société.

19. Procréation et filiation. La question de la procréation médicalement assistée implique nécessairement de s'intéresser aux liens qui unissent la procréation et la filiation. La naissance d'un enfant résulte de la procréation. Naturelle ou artificielle, la procréation exige un travail d'équipe : l'homme engendre, la femme porte l'enfant. Cependant, la filiation ne saurait être réduite à la procréation : l'enfant s'inscrit dans une ligne généalogique qui peut être ou non la vérité biologique.

S'agissant de la mère, cette dernière est celle qui accouche[31]. Quant au père, il est désigné par le biais des fictions juridiques à savoir la présomption de paternité, la reconnaissance et la possession d'état[32]. Lorsqu'un couple recourt à une PMA, les mêmes règles s'appliquent afin que la filiation soit la plus vraisemblable possible dans l'intérêt de l'enfant. Même lorsqu'un tiers donneur intervient, son existence est niée : le père désigné n'est pas le géniteur, la mère désignée n'est que la gestatrice. Sexualité, procréation et filiation ne sont plus intimement liées.

---

29 *Starbuck* (2012) de Ken Scott. Ayant donné ses gamètes, David Wozniak apprend qu'il est le géniteur de 533 enfants. Par le biais de l'établissement de santé, certains cherchent à connaître l'identité de leur père biologique.

30 *Womb* (2010) de Benedek Fliegauf. Dévastée par la perte de son compagnon, Thomas, dans un accident de voiture, Rebecca perd goût à la vie… jusqu'au jour où elle envisage de donner naissance à un clone de Thomas.

31 C. civ., art. 311-25.

32 C. civ., art. 312 ; 316 ; 317.

Les revendications souhaitent se défaire de la finalité thérapeutique de la PMA, mais également autoriser certaines pratiques jusqu'alors prohibées. *Quid* d'une procréation sans homme ? *post mortem* ? *Quid* de la mère porteuse, simple incubateur ? L'infertilité ovarienne doit-elle être préférée à celle utérine ? L'abandon des dispositions actuelles aura nécessairement un impact sur la filiation aussi bien maternelle que paternelle.

20. Procréation et psychologie. Très souvent, ce sont les conséquences psychologiques sur l'enfant qui sont avancées afin de maintenir les conditions d'accès à l'AMP. Pourtant, selon des études, d'une part, le nombre de familles monoparentales et homoparentales a augmenté[33], et d'autre part, en 2006, il est recensé que 24 000 à 40 000 mineurs sont élevés par un couple de même sexe, essentiellement des couples de femmes[34]. Le législateur a tenu compte de ces changements de société en autorisant la coparentalité, la délégation-partage ou encore l'adoption. Mais, paradoxalement, seuls les enfants déjà nés pourraient être élevés par ces formes familiales... Le paradigme dominant semble dicter les dispositions en vigueur.

21. Procréation et philosophie. Bien avant l'accès libre à la contraception, telle qu'on la connaît aujourd'hui en France, il n'était pas possible de prédire la naissance d'un enfant. De nos jours, il suffit de suspendre le recours à un contraceptif. La procréation est donc devenue intentionnelle. Qu'en est-il du statut de l'enfant ? Est-il une fin ou le moyen d'assouvir un désir ? Bien qu'il soit difficile de déterminer si

---

[33] Selon l'INSEE, le nombre de familles monoparentales et homoparentales a augmenté. S'agissant des familles homoparentales, il y aurait environ 100 000 couples de même sexe en 2011. Quant aux familles monoparentales, elles passent de 16,3 % en 1999 à 20,3 % en 2011.

[34] FESTY (P.), « Le recensement des familles homoparentales », *in* CADORET (A.) (dir.), *Homoparentles. Approches scientifiques et politiques*, Paris, PUF, 2006, p. 109 à 116.

l'enfant est une fin ou un moyen, puisque cela supposerait avoir accès au fondement du désir humain, « *les hommes sont conscients de leurs désirs et ignorants des causes qui les déterminent* »[35], certaines pratiques ne laissent planer aucun doute quant à la motivation des « commanditaires ». L'enfant-cloné et l'enfant-médicament sont indubitablement des moyens d'atténuer la souffrance d'autrui ou de soi-même.

22. Procréation et sciences. Les connaissances scientifiques acquises en matière de procréation ont permis d'une part, de dissocier la reproduction et la sexualité, et d'autre part, de répondre au désir d'enfant des couples infertiles[36], voire d'enfant « non vicié ». L'Homme a déjà franchi des limites dictées par Mère Nature : il est allé au-delà de la stérilité et il a choisi ses pairs parmi des embryons sains. La procréation humaine étant de plus en plus maîtrisée, on peut légitimement se demander si l'on ne va pas aller au-delà des contraintes naturelles avec un enfant sans père ? un enfant commandé ? un enfant prédéterminé, cloné ou parfait ? un enfant placé dans un utérus artificiel ? L'abandon du cadre juridique actuel implique une profonde réflexion sur cette « *fabrique de bébés* »[37]. Retirer un interdit fragiliserait tout l'édifice. Le scientifique offre les possibilités, le juriste doit, quant à lui, y mettre des limites. En effet, une nouvelle ligne rouge doit être dessinée. Matérialisant la frontière de l'infranchissable, elle encadrerait les projets d'enfants qui

---

35 SPINOZA (B.), *Œuvres Tome IV : Traité politique, Lettres*, Flammarion, Garnier Flammarion, Philosophie, 1993, p. 304.

36 Selon l'Agence de la biomédecine, 143 778 « tentatives » de PMA ont été menées en France en 2014, dont 95 % ont été réalisées avec les gamètes du couple. Les enfants nés d'une PMA ont représenté 3,1 % des enfants nés en 2014 (soit 25 208 naissances). Un nouveau-né sur 32 est donc issu d'une AMP.

37 FRYDMAN (R.), « De l'exacerbation du moi dans la transmission de la vie », *in* WIEVIORKA (M.), LÉVI-STRAUSS (C.) et LIEPPE (G.), *Penser Global : Internationalisation et globalisation des sciences humaines et sociales*, Éditions de la Maison des sciences de l'homme, 2014, p. 205.

chercheraient à glisser vers l'exploitation, l'aliénation ou la prédétermination.

23. Une finalité thérapeutique controversée. Ces dernières années, des voix s'élèvent et réclament l'abandon de la finalité médicale de la PMA. Les revendications s'intensifient car aujourd'hui la science a les moyens de passer outre certaines contraintes naturelles et, *de facto*, d'admettre une nouvelle finalité : sociétale. Ces réclamations émanent du peuple, de professionnels de santé, de Comités ou encore de parlementaires. Tous réclament une profonde réflexion en la matière[38].

Les dispositions en vigueur, qui limitent l'accès à un certain modèle de bénéficiaires et interdisent certaines pratiques, sont de plus en plus controversées. L'enfant déjà né ne suffit plus à ces demandeurs, c'est un droit à être parent génétique qui est réclamé. Sujet vif, sujet incandescent, sujet douloureux, il oppose d'un côté, les droits de l'enfant, dont les dispositions sont conçues dans son intérêt et non celui d'autrui, et d'un autre côté, le droit à l'enfant, désir primaire d'hommes et de femmes d'élever leur propre chair.

L'intérêt de ce sujet, « le statut juridique de l'AMP », est donc double. En premier lieu, l'actualité de ce thème n'est plus à démontrer, puisque les revendications croissantes en témoignent, ainsi que l'ouverture des États généraux. Les débats de la Plèbe alimenteront ceux des Praticiens. Mais on peut légitimement se demander quelle en sera l'issue : des lois naturelles aux lois de l'Homme ? En second lieu, il s'avère primordial d'étudier les conséquences d'une telle brèche dans le cadre légal. En effet, l'abandon du caractère thérapeutique de la PMA remettrait en cause l'édifice posé par le législateur de 1994. Abandonner une condition et les

---

38 En effet, il s'avère que l'opinion publique a évolué puisqu'en 2017 61 % des Français se disent favorables au recours de l'AMP par les couples de femmes ; JO Sénat Q n°0053S du 25 oct. 2017, p. 3950.

autres seraient fragilisées, voire annihilées. Tel un château de cartes, les fondations s'effondreraient, car de cette finalité découlent toutes les exigences…

24. D'une finalité thérapeutique à une finalité sociétale ? À l'origine, la procréation médicalement assistée a été pensée comme un remède. Il n'est donc possible, actuellement, d'y recourir qu'en cas d'infertilité pathologique ou de risque de transmission d'une maladie. Les bénéficiaires répondent à un certain modèle afin de satisfaire cette finalité thérapeutique. Mais, à mesure que la science livre ses mystères de la procréation et invente de nouvelles techniques, il est important de s'interroger sur la place de celles-ci. La science offre la faculté de repousser les contraintes naturelles : de procréer seul, de procréer avec le même sexe, de procréer en dépit de l'instrumentalisation... Mais dans quelle mesure l'être humain peut-il s'affranchir des lois naturelles ? Certes, la plus grande hardiesse de l'Homme a été de se révolter contre ces dites lois en bravant l'infertilité pathologique, mais on peut légitimement se demander : jusqu'où ira-t-il ? « *De l'infertilité pathologique, le débat se déplace* » vers « *ce qu'il est convenu d'appeler l'infertilité sociétale* »[39].

25. Plan. Ainsi, il convient dans un premier temps d'analyser les dispositions actuelles en matière d'assistance médicale à la procréation (Première partie). La finalité thérapeutique étant de plus en plus controversée, il s'agira dans un second temps d'envisager que cette finalité médicale puisse progressivement glisser vers une finalité sociétale qui répondrait à l'opprobre des personnes « sociétalement » infertiles (Deuxième partie).

---

[39] VIALLA (F.), « Assistance médicale à la procréation : avis du CCNE », *D.*, 2017, n°24, p. 1365.

1ère PARTIE

LA FINALITÉ THÉRAPEUTIQUE DE L'ASSISTANCE MÉDICALE À LA PROCRÉATION

26. Droit positif : une finalité thérapeutique controversée. Actuellement, le cadre légal de l'assistance médicale à la procréation est clair : elle doit remédier à une infertilité pathologique. Cependant, ces dernières années, la société a changé, engendrant des réclamations. Ces revendications ne cessent de croître, émanant aussi bien des couples hétérosexuels et de même sexe, que de femmes seules, veuves ou célibataires. Tous réclament un élargissement des conditions d'accès à l'assistance médicale à la procréation. La société n'est pas la cause de l'infertilité, puisque si deux femmes, deux hommes, une femme seule ou veuve, des individus de quatre-vingts ans ou de dix ans ne peuvent procréer, c'est parce que la cause est naturelle. Mais en revanche, ce désir d'enfant, lui, est sociétal.

Dura lex, sed lex ; la loi encadre strictement la procréation médicalement assistée qui ne répond qu'à une finalité thérapeutique (Chapitre 1). Or, on voit déjà poindre un assouplissement des dispositions légales dans les solutions jurisprudentielles. En effet, influencée par les demandes sociétales, la jurisprudence s'est déjà laissée surprendre, choisissant de glisser doucement d'une « infertilité médicale » à une « infertilité sociétale » (Chapitre 2).

Chapitre 1. Un cadre légal en apparence clair

27. De l'autorégulation à l'intervention du législateur. Pendant quelques années, les techniques d'assistance médicale à la procréation ne furent pas encadrées. Par conséquent, les médecins s'autorégulaient. Ainsi, différents textes, notamment les règlements des établissements de santé pratiquant l'AMP, les avis du Comité consultatif national d'éthique pour les sciences de la vie et de la santé (CCNE) et le Code de déontologie, déterminaient principalement le régime applicable. Néanmoins, à partir de 1994[40], la volonté de concevoir un enfant en recourant à ces procédés va être strictement encadrée.

28. Une finalité médicale inchangée en 2004 et 2011. En matière de bioéthique, le rapport entre la fin et les moyens est sans cesse débattu et ainsi, dès 1994, le législateur a tenté de trouver un compromis. À l'époque et jusqu'à aujourd'hui, le régime juridique choisi se fonde à la fois sur la dignité humaine, l'intérêt de l'enfant, mais plus particulièrement, il est dicté par les lois naturelles. En effet, dès les premières lois de bioéthique, le Parlement a opté pour une finalité médicale, car il souhaitait que l'AMP se rapprochât le plus possible d'une procréation charnelle, « *à moins que ce ne soit plutôt de l'ordre social dominant* »[41]. En 2004, il a réitéré sa position, malgré un vif débat portant sur le décès d'un des

---

[40] Les lois du 29 juillet 1994 précitées.

[41] EGÉA (P.), « La condition fœtale" entre procréation et embryologie" », *RDSS*, 2005, n°02, p. 232.

membres du couple. Quant à la loi du 7 juillet 2011[42], elle s'inscrit dans la continuité des précédentes, gardant le cap d'une ligne conservatrice. On y trouve peu de changements et nombre de propositions ont été balayées, notamment la levée de l'anonymat, l'ouverture de l'AMP aux femmes seules et aux couples de même sexe, ou encore le transfert d'embryon *post-mortem*. La finalité thérapeutique de l'assistance médicale demeure donc inchangée.

Ainsi, à l'heure actuelle, seulement un certain « modèle » de personnes accède à ces techniques, conduisant nécessairement à l'absence d'un droit à l'AMP pour tous (Section 1), et ces techniques sont elles-mêmes strictement encadrées (Section 2).

Section 1. Un refus d'assistance médicale à la procréation pour tous

29. Un accès doublement limité. Actuellement, l'assistance médicale à la procréation n'a pas pour objectif de satisfaire un désir d'enfant, mais répond seulement à une finalité thérapeutique. Par conséquent, l'AMP ne concerne que les couples confrontés à une difficulté médicale (§ 1) et qui correspondent à un modèle familial stéréotypé du législateur (§ 2).

§ 1. Un accès limité à une finalité thérapeutique

30. Trois hypothèses. La loi n'a prévu que trois hypothèses pour recourir à une assistance médicale à la procréation. Tout d'abord, elle a pour objet de « *remédier à l'infertilité dont le caractère pathologique a été médicalement diagnostiqué* »[43] (A). Ensuite, elle a vocation à « *éviter la transmission à*

---

42 Commentée par LEROYER (A.), « Bioéthique - Caractéristiques génétiques - Don d'organes - Embryon - Cellules hématopoïétiques - IVG - AMP - Consentement - Anonymat », *RTD Civ*, 2011, n°03, p. 603.

43 C. santé publ., art. L. 2141-2, al. 1er.

l'enfant ou à un membre du couple d'une maladie d'une particulière gravité » (B). Enfin, elle cherche à éviter toute forme d'acharnement thérapeutique en admettant la renonciation[44]. À travers cette dernière disposition, les rédacteurs ont voulu *« éviter des formes d'acharnement thérapeutique porteuses de risques pour la femme ou l'utilisation de nouvelles techniques insuffisamment éprouvées »*[45].

A. L'infertilité pathologique

31. Différents facteurs d'infertilité. En matière médicale, l'infertilité se rencontre lorsqu'aucune grossesse ne survient dans un couple ayant pourtant des rapports sexuels non protégés, depuis au moins deux ans. L'infertilité peut résulter de différents facteurs. Elle peut être liée à l'homme (anomalie génétique, impuissance, oligospermie), à la femme (obstruction, ablation ou encore altération des trompes de Fallope), au couple doublement infertile[46] ou elle peut provenir de causes indéterminées. En pratique, les raisons exactes, qui font que le couple ne peut avoir d'enfant, demeurent très souvent inconnues.

32. L'augmentation de l'infécondité. Ces dernières années, les scientifiques relèvent une hausse des cas d'infertilité. Le Professeur Frydman dresse une liste succincte « *des menaces potentielles ou des précautions à prendre* »[47]. Avant d'énoncer quelques exemples à titre informatif, il convient de noter que d'éventuelles campagnes de préventions et de sensibilisations pourraient lutter contre cette infécondité grandissante. Tout d'abord, le surpoids constitue

---

[44] C. santé publ., art. L. 2141-6, al. 1er.

[45] Crépey (E.), « Anonymat du donneur de gamètes et respect de la vie privée », *RFDA*, 2013, n°05, p. 1051.

[46] Dans ce cas, on procède à un accueil d'embryon, car le don d'embryon est interdit.

[47] Frydman (R.), *Le droit de choisir - Manifeste des médecins et biologistes de la procréation médicale assistée*, Seuil, 2017, p. 72.

un réel risque. S'agissant de l'homme, il entraîne une diminution du nombre de spermatozoïdes. Quant à la femme, le surpoids augmente le délai pour concevoir un enfant (plus d'un an). Or, ces dernières années, en France, le surpoids, et même l'obésité, se sont accrus aussi bien pour les hommes que pour les femmes. Ensuite, l'alcool et le tabac augmentent également le délai pour obtenir une grossesse et diminuent la concentration des gamètes. Enfin, des facteurs environnementaux, chimiques ou physiques, ont également un impact sur la fertilité : les métaux lourds, les solvants, la pollution atmosphérique…

33. Une lettre stricte. L'article L 2141-2 du Code de la santé publique subordonne l'accès à l'assistance médicale à la procréation à une infertilité pathologique qui doit être médicalement diagnostiquée. *A contrario*, sont exclues de l'assistance médicale les impossibilités naturelles de procréer liées à l'âge des protagonistes, au célibat ou encore à l'homosexualité. Or, cette condition d'infertilité amène différentes critiques.

34. Une interprétation souple de la lettre par les médecins. En premier lieu, le législateur a entendu limiter l'infertilité aux cas dont « *le caractère pathologique doit être médicalement diagnostiqué* ». Le but est d'éviter une AMP de pure convenance. Or, cette conception d'infertilité pathologique est interprétée souplement par les professionnels de santé. En effet, en pratique, l'infertilité d'un couple est diagnostiquée par un médecin : soit à la suite d'une stérilité identifiée, soit en l'absence de conception après douze à vingt-quatre mois de relation sans contraception[48]. Dans cette seconde hypothèse, l'infertilité n'est pas *stricto sensu* « pathologique », puisqu'en effet, aucune cause n'a été diagnostiquée. Autrement dit, si on choisit d'appliquer le texte à la lettre, le

---

[48] Selon l'enquête nationale périnatale menée en 2010, il s'agit d'environ 10 % des couples.

législateur devrait le modifier afin d'ajouter, à l'infertilité pathologique, « la difficulté de conception ». Certes, l'esprit de la loi est respecté, mais sa lettre n'est pas rigoureusement appliquée. Les couples de même sexe, les femmes célibataires ou veuves pourraient donc s'estimer victime d'une certaine discrimination, puisque la loi à leur encontre est appliquée strictement, en vertu de l'exigence d'altérité sexuelle.

35. *Quid* du transsexualisme ? Dans un second lieu, l'hypothèse du transsexualisme mérite réflexion. Le transsexualisme se définit comme « *un trouble de l'identité sexuelle dans lequel le sujet a le sentiment que son corps n'est pas en concordance avec son sexe "psychologique", mais il appartient au sexe opposé* »[49]. Un transsexuel n'ayant pas fait l'objet d'une opération ne devrait pas pouvoir recourir à une PMA, puisqu'en effet il n'est pas infertile. En revanche, un transsexuel opéré devrait pouvoir recourir à une PMA. Dans cette seconde hypothèse, on peut légitimement se demander si l'on doit considérer que l'infertilité du transsexuel résulte de la volonté de recourir à une stérilisation contraceptive ou d'une cause pathologique. Pour répondre à cette question, un rapprochement peut être fait entre la personne atteinte d'une affection et celle qui recourt volontairement à une stérilisation contraceptive.

D'une part, un parallèle peut être fait entre la personne transgenre et celle qui a perdu sa faculté de reproduction suite à un traitement justifié par une maladie. Dans ce cas de figure, l'incapacité de procréation trouve sa cause dans le traitement, et non dans la maladie. En matière de transsexualisme, certes l'intervention chirurgicale est voulue, mais elle est, en vérité, motivée par des raisons de santé. Par consé-

---

[49] Définition Larousse.fr.

quent, même si une partie de la doctrine s'y oppose[50], il serait possible de considérer que la cause de la stérilité réside dans ce « syndrome ».

D'autre part, avec un tel raisonnement, on ne saurait assimiler la personne transgenre à une femme qui recourt volontairement à une stérilisation contraceptive. Cette dernière ne peut recourir à une assistance médicale à la procréation puisque l'infertilité n'est nullement pathologique et, de plus, elle ne désire plus d'enfant.

36. Infertilité et autoconservation. Enfin, il convient de remarquer que pour lutter contre une infertilité future, l'article L. 2141-11 du Code de la santé publique dispose que « *toute personne dont la prise en charge médicale est susceptible d'altérer la fertilité, ou dont la fertilité risque d'être prématurément altérée, peut bénéficier du recueil et de la conservation de ses gamètes ou de ses tissus germinaux, en vue de la réalisation ultérieure, à son bénéfice, d'une [AMP], ou en vue de la préservation et de la restauration de sa fertilité* ». En d'autres termes, ce texte permet de se prémunir contre une éventuelle infertilité, qui résulterait d'un traitement, et vise un très large panel de situations, aussi bien des effets primaires que secondaires[51].

B. La transmission d'une maladie

37. Disposition légale. Selon l'article L. 2141-2 du Code de la santé publique, l'assistance médicale à la procréation a également pour objectif d'« *éviter la transmission à l'enfant ou à un membre du couple d'une maladie d'une particulière gravité* ». Trois remarques peuvent être faites au sujet de cette disposition.

38. Deux situations envisagées. Tout d'abord, deux hypothèses sont visées par le texte : la transmission d'une

---

[50] En ce sens, on peut citer : MALAURIE (P.), *Droit des personnes, La protection des majeurs et des mineurs*, 9ème éd., L.G.D.J, Droit civil, 2017, p. 111 et s.

[51] On songe notamment à un traitement qui lutte contre le cancer.

maladie à l'enfant et/ou à l'autre membre du couple. Concernant l'enfant, afin de ne pas lui transmettre un patrimoine génétique porteur d'une maladie, il est possible de recourir à un tiers donneur. Lorsque c'est le patrimoine génétique du père qui est altéré, le couple bénéficiera d'un don de spermatozoïde, à l'inverse, si c'est celui de la mère, il faudra recourir à un don d'ovocyte. S'agissant du cas de la transmission d'une maladie à un autre membre du couple, l'affection est ici virale, telle que le VIH, et non plus génétique. Grâce à la PMA, on évite un rapport sexuel contaminant.

39. Curable vs. incurable. Ensuite, lors de la rédaction des premières lois de bioéthique, s'est posée la question du caractère incurable ou non de l'affection. À l'origine, le projet de loi de 1994 prévoyait que la maladie ait un caractère « incurable ». Toutefois l'Assemblée nationale n'a pas retenu ce critère. Dès lors, une PMA peut être réalisée si le risque de transmission d'une maladie, même curable, est constaté par l'équipe médicale.

40. Gravité vs. particulière gravité. Enfin, le texte précise que cette maladie doit être d'une « *particulière gravité* ». Se faisant, il revient donc aux professionnels de santé d'apprécier ce critère flou. Dès lors, face à cette notion imprécise, on peut légitimement se demander si des risques de dérives pourraient advenir, voire d'ores et déjà exister. Étant donné que de telles dérives conduiraient au retrait des habilitations ou à leur non-renouvellement pour les activités d'assistance médicale, même en l'absence de contrôle judiciaire, les établissements de santé ont tout intérêt à se tenir à carreau [52]!

41. Finalité et modèle de couple limités. La finalité thérapeutique n'est pas la seule limite posée par le législateur afin de recourir à une procréation médicalement assistée. En effet, le législateur a entendu circonscrire l'accès à cette pratique à un certain modèle de couple.

§ 2. Un accès limité à un modèle de couple

42. Un accès limité à un modèle de couple. Selon l'alinéa 2 de l'article L. 2141-2 du Code de la santé publique, pour bénéficier d'une assistance médicale à la procréation, *« l'homme et la femme formant le couple doivent être vivants, en âge de procréer et consentir préalablement au transfert des embryons ou à l'insémination. Font obstacle »* à la réalisation de cette pratique différentes situations dès lors que le couple n'est plus uni. Ainsi, pour réaliser une AMP, le couple doit y consentir (B) et satisfaire différentes conditions (A).

A. Les exigences relatives aux bénéficiaires

43. Stéréotype familial. L'article étant dénué d'ambiguïté, il réserve l'accès à l'AMP à un modèle familial stéréotypé. Elle n'est donc possible qu'à l'égard d'un couple (1), composé d'une femme et d'un homme (2), tous deux en âge de procréer (3).

---

[52] En effet, les activités d'AMP ne peuvent être pratiquées que dans des établissements autorisés. Les autorisations sanitaires sont délivrées par le directeur général de l'Agence régionale de santé (ARS), après avis d'une part, de la Commission spécialisée de la conférence régionale de santé et de l'autonomie, et d'autre part, de l'ABM. Néanmoins, en cas de manquement aux obligations, l'autorisation peut être retirée. Chaque année, tous les Centres d'AMP doivent communiquer à l'ABM tous les résultats d'inséminations, de ponctions, de congélations, de grossesses ainsi que de naissances, notamment avec l'état de santé des enfants lors de la naissance.

1. Un couple

44. La condition légale de couple. La condition de réserver la PMA à un couple est clairement posée à l'alinéa 1 de l'article L. 2141-2 du Code de la santé publique qui précise que cette pratique a « *pour objet de remédier à l'infertilité d'un couple* ». Cette disposition appelle trois constatations.

45. Forme variée. Tout d'abord, on peut légitimement se demander ce qu'il faut entendre par le terme de « couple ». En l'absence de précision, toutes les formes de couple, c'est-à-dire époux, partenaires de pacs ou concubins, peuvent donc recourir à une assistance médicale. Si avant la loi du 7 juillet 2011, les concubins devaient justifier d'une vie commune d'au moins deux ans, désormais cette exigence de stabilité a été supprimée.

46. L'exclusion discutable du célibataire. Ensuite, par un raisonnement *a contrario*, il ressort que la personne célibataire se trouve exclue. Cette exclusion est discutable pour deux raisons. D'une part, l'infertilité d'une personne célibataire résulte d'une impossibilité naturelle, et non d'une affection. D'autre part, n'est-ce pas contradictoire d'interdire la PMA aux célibataires, mais de leur autoriser l'adoption ? Certes, la finalité des deux techniques diverge : la PMA tend à faire naître un enfant, alors que l'adoption, unilatérale ou non, tend à fournir une famille à l'enfant déjà né. Le droit de l'enfant prime sur le désir de l'adulte[53] même si, en définitive, ce dernier sera assouvi. Mais le législateur a très clairement fait le choix qu'il soit préférable que l'enfant né et « abandonné » soit élevé par un seul individu plutôt que de concevoir seul un enfant orphelin dès sa naissance. Or, ce choix est contestable puisqu'une personne célibataire, utilisant le mécanisme de l'adoption ou d'une PMA, élèvera un enfant de la même façon : seule la génétique change…

---

[53] En effet, lorsque le juge place l'enfant, il doit toujours prendre en compte l'intérêt de ce dernier. C. civ., art. 353, al. 1er.

47. PMA et détenu. Enfin, s'est posée la question de l'accès à une AMP par un détenu. Dans l'affaire *Dickson* contre Royaume-Uni, la Cour européenne des droits de l'Homme semble reconnaître implicitement le droit de recourir à une PMA pour les détenus.

En l'espèce, M. Dickson, en détention, et sa femme, âgés respectivement de trente-quatre et quarante-huit ans, souhaitaient avoir un enfant. Les visites conjugales étant interdites, le couple s'est adressé au Ministre pour recourir à une assistance médicale. Pour rejeter la demande, le Ministre se fonde sur trois critères : la relation de couple, l'environnement dans lequel le bébé naîtrait et enfin, l'effet répressif de la peine d'emprisonnement. Les requérants ont saisi la Cour européenne, car ils ont considéré que la solution du Ministre, approuvée par les juridictions, portait atteinte d'une part, au respect de la vie privée et familiale garanti par l'article 8 de la Convention de sauvegarde des droits de l'Homme et des libertés fondamentales, et d'autre part, à leur droit de fonder une famille garanti par l'article 12 de ladite Convention.

Dans un premier temps, le 18 avril 2006, la Cour européenne a considéré que le refus d'autoriser le requérant détenu et son épouse à recourir à l'insémination artificielle ne constituait pas une atteinte disproportionnée à leur droit au respect de leur vie privée et familiale[54]. Elle a en effet relevé que le législateur britannique n'édictait pas d'interdiction générale privant les détenus d'un recours à l'AMP, mais que chacune des demandes faisait l'objet d'un examen particulier. Pour fonder le refus, différents critères ont été retenus par l'État et appréciés par la Cour, notamment l'âge des requérants, la nature ainsi que la gravité de l'infraction, et enfin l'intérêt de l'enfant. Pour fonder son

---

[54] CEDH, 18 avr. 2006, *Dickson c. Royaume-Uni*, req. n°44362/04 ; https://www.ieb-eib.org/fr/document/affaire-dickson-c-royaume-uni-pma-265.html.

refus, la Cour européenne s'appuie sur l'absence de consensus au sujet de l'accès à l'AMP aux détenus, laissant ainsi une marge d'appréciation aux États.

La grande chambre[55], dans un second temps, a accepté la demande de renvoi. Après avoir rappelé que l'article 8 de la Convention européenne inclut le droit au respect de la décision de devenir parent génétique, la Cour a conclu à une violation dudit article. À cet égard, la Cour a jugé que la politique menée, bien qu'elle ne puisse être qualifiée d'interdiction globale, faisait peser une large suspicion. En outre, elle a rappelé que les États conservent une marge d'appréciation lorsqu'ils doivent ménager un équilibre entre des intérêts publics et privés, mais elle a identifié trois points négatifs dans les prétentions du Royaume-Uni. Tout d'abord, la Cour a souligné que l'insémination artificielle était le seul moyen d'enfanter pour ce couple. Ensuite, elle a balayé l'argument avancé par l'État, qui invoquait la perte de confiance du peuple à cause du caractère punitif de l'incarcération. Enfin, elle a rappelé sa position de principe qui tend à exclure toutes formes de restrictions automatiques aux libertés des détenus, qui se fonderaient exclusivement sur le ressenti de l'opinion publique. N'ayant pas mis en balance les intérêts en cause et dépassant la marge d'appréciation, la Cour européenne des droits de l'homme a conclu à la violation de l'article 8. Cette jurisprudence semble consacrer implicitement un droit d'accès à l'AMP pour les détenus. Mais en France son impact est faible, puisque le recours est déjà envisagé[56].

---

[55] CEDH, gde ch., 4 déc. 2007, *Dickson c. Royaume-Uni*, req. n°44362/04 ; https://www.ieb-eib.org/fr/document/affaire-dickson-c-royaume-uni-pma-265.html.

[56] JOAN Q n°8783.

2. Composé d'un homme et d'une femme

48. La composition légale du couple. Le législateur a prévu une condition supplémentaire liée au sexe du couple demandeur. En effet, afin de bénéficier d'une assistance médicale à la procréation, le couple doit être composé d'un homme et d'une femme[57].

49. Homosexualité et transsexualisme. S'agissant d'un couple composé de personnes de même sexe, grâce à un raisonnement *a contrario*, on en déduit qu'il ne peut recourir à une assistance médicale. En revanche, à l'égard d'un couple hétérosexuel composé d'une personne transsexuelle, il pourrait en théorie bénéficier d'une PMA, à la condition que son état civil ait été modifié. À défaut, le procédé serait prohibé puisqu'il retomberait sur l'hypothèse d'un couple homosexuel. Néanmoins, il convient de tempérer ces propos, car en vérité, il n'y a que dans le cas d'un transsexuel femme devenu homme qu'on pourrait envisager le recours à une PMA. En effet, la compagne pourrait bénéficier d'une insémination artificielle impliquant un donneur de gamètes. À l'inverse, le transsexuel homme devenu femme, dans l'impossibilité de porter l'enfant, ne pourrait recourir à cette pratique et devrait, dès lors, se tourner vers une mère-porteuse, pourtant interdit en France.

3. En âge de procréer

50. Une condition légale d'âge. L'article L. 2141-2 alinéa 2 du Code de la santé publique subordonne l'assistance médicale à la procréation à une énième condition : le couple doit être en âge de procréer. Or, l'article ne précise aucune limite d'âge minimum ou maximum.

51. Seuil minimal. Concernant l'âge minimal, les situations faisant intervenir des mineurs sont exceptionnelles, mais elles méritent d'être envisagées. Il convient de garder à

---

57 « (...) *l'homme et la femme formant le couple doivent* (...) ».

l'esprit que la PMA est une procréation artificielle qui cherche à imiter la procréation charnelle. En principe, pour former un couple, marié ou pacsé[58], il faut avoir dix-huit ans. Cet âge semble donc servir de guide.

52. Seuil maximal. Après l'âge minimal, il convient de s'intéresser à l'âge maximal de la femme, puis de l'homme.

53. Seuil féminin. S'agissant de la femme, la limite maximale pourrait se situer lors de la ménopause. Généralement, celle-ci intervient autour de quarante, cinquante ans. Certes, légalement il n'y a pas d'âge précis, mais en vérité, le seuil semble indirectement dicté par la pratique, à savoir le remboursement par l'assurance maladie. En effet, la prise en charge de l'assistance médicale à la procréation par la sécurité sociale intervient jusqu'à quarante-trois ans. Au-delà, elle n'est plus assurée.

Cependant, nul n'est à l'abri d'une ménopause précoce qui surviendrait, en moyenne, à l'âge de trente-cinq, quarante ans. Pour autant, faut-il interdire la PMA à une femme sujette à une ménopause précoce ou bien faut-il tenir compte de la moyenne arbitraire ? En cas de ménopause précoce, il semblerait plutôt logique de considérer qu'une PMA serait toujours possible.

En outre, il est évident que l'âge maternel est un facteur de risque à la fois pour l'enfant et pour la future mère. Après quarante ans, les risques pour l'enfant à naître s'accroissent, car plus de la moitié des grossesses conduisent à une fausse couche et le risque d'anomalies chromosomiques s'accentue[59]. Par ailleurs, ce ne sont pas les seules maladies à déplorer, puisque l'enfant conçu pourrait également être atteint d'un retard de croissance ou encore d'une prématura-

---

58 C. civ., art. 144 et 145 ; C. civ., art. 515-1.

59 Passé cet âge, il est scientifiquement admis qu'une femme à un risque sur cent d'attendre un enfant atteint de la trisomie 21. À l'âge de quarante-cinq ans, ce risque atteint 2 %.

tion. Quant à la mère, sa santé peut être fragilisée par les fausses couches, par du diabète ou encore des risques cardiaques et rénaux.

54. Seuil masculin. Concernant l'homme, un âge avancé n'empêchera pas la procréation et n'entraînera aucune conséquence sur son état de santé. Mais, la science a pu démontrer que la qualité des gamètes diminue avec l'âge et, dès lors, on retrouve les risques liés aux malformations et aux fausses couches. Selon certains auteurs, l'intérêt de l'enfant doit être gardé à l'esprit, puisqu'autoriser une PMA à un homme âgé conduira nécessairement à « *aider à la procréation d'un futur orphelin précoce* »[60].

55. L'interprétation du juge. En définitive, le législateur, ne fixant aucun cadre précis, laisse une certaine latitude aux professionnels de santé pour tenir compte des particularités d'un couple. Toutefois, la jurisprudence a récemment dû se positionner afin d'éviter des dérives[61].

En l'espèce, deux hommes, nés en 1946 et 1947, ont demandé une autorisation à l'Agence de la biomédecine (ABM) afin d'exporter leurs gamètes à l'étranger en vue de réaliser une PMA. Or, en vertu de l'article L. 2141-11-1 du Code de la santé publique, l'exportation de gamètes ne doit nullement servir à contourner les conditions légales, notamment celle qui exige un couple en âge de procréer. De ce fait, l'ABM a rejeté les demandes, considérant qu'à soixante-neuf et soixante-dix ans ils n'étaient plus en âge de procréer.

56. Une analyse *in concreto* modérée. Cependant, de façon surprenante, le Tribunal administratif de Montreuil a annulé les deux décisions de l'Agence[62], au motif qu'elle au-

---

60 GRIDEL (J.-P.), « L'âge et la capacité civile », *D.* 1998, chron., p. 90 et s.

61 Le juge administratif s'est d'abord positionné en 2015 à Nancy, puis en 2017 à Montreuil. Seulement cette dernière solution sera étudiée compte tenu de son caractère récent ; TA Nancy, 25 juin 2015, n°1400798.

62 TA Montreuil, 14 fév. 2017, n°1606724 : JurisData n°2017-003102.

rait dû *« prendre en considération l'ensemble des éléments propres à la situation personnelle du bénéficiaire potentiel de l'autorisation, sans limiter son appréciation à son année de naissance »*. En effet, pour fonder sa décision, l'Agence de la biomédecine avait produit « *une documentation à caractère général sur les risques obstétricaux, néonataux et malformatifs liés à l'âge paternel* ». Mais ces arguments n'ont pas convaincu le juge qui a désapprouvé cette approche trop générale et a imposé une appréciation *in concreto*, c'est-à-dire au cas par cas, sans que l'âge des demandeurs soit considéré comme rédhibitoire. Autrement dit, le tribunal lui reproche son analyse *in abstracto*, préférant une approche *in concreto*. Mais il convient de nuancer ces propos, car le tribunal a conclu que « *l'annulation de la décision de l'[ABM] n'implique pas nécessairement qu'il soit fait droit à la demande* », l'ABM devait seulement procéder à un « *réexamen de cette demande dans un délai d'un mois* ».

57. Une solution surprenante. Cette solution laisse perplexe à deux égards. En premier lieu, la recommandation de réexaminer les demandes laisse dubitatif, car on peut se demander si le juge administratif tiendrait le même discours devant un requérant âgé de quatre-vingts ans… L'expression « *en âge procréer* », entendue comme les couples « *physiquement capables d'accueillir un enfant* »[63], ne reflète-t-elle pas la volonté du législateur d'avoir une approche objective et non subjective ? En second lieu, l'absence de mention de l'intérêt de l'enfant par le juge surprend. Lors d'une procréation charnelle, le législateur ne contrôle ni le désir d'enfant, ni le projet parental. En revanche, lors d'une assistance médicale à la procréation, le législateur s'engage envers l'enfant à poser des limites. En effet, il protège celui-ci du désir des candidats afin d'éviter les débordements. Finalement, on ne peut que regretter le choix du Tribunal administratif d'obliger l'ABM à justifier son refus eu égard à l'âge avancé des demandeurs.

---

[63] MIRKOVIC (A.), « Assistance médicale à la procréation (exportation de gamètes) : condition d'âge des hommes », *D.*, 2017, n°10, p. 511.

58. L'interprétation nébuleuse de la Cour administrative d'appel. L'Agence de la biomédecine a toutefois contesté ces jugements et l'affaire a ainsi été portée devant la Cour administrative d'appel de Versailles[64].

Pour apprécier ce critère évasif, le juge a tout d'abord cherché une définition. Au regard des travaux préparatoires de la loi du 29 juillet 1994[65], discrets et approximatifs sur ce point, il en a déduit une définition elle-même vague. Selon lui, l'âge de procréer serait « *celui au cours duquel les capacités procréatives de l'homme et de la femme ne sont pas altérées par le vieillissement* ». Les termes employés sont plutôt surprenants, car que faut-il entendre par « *capacité procréative* » ? est-ce synonyme de naturellement ?

Après avoir posé cette définition « nébuleuse », la Cour d'appel dissipe le brouillard qui entoure cette notion en précisant les frontières de cet âge. Ne pouvant se baser sur les conclusions de l'ABM sous peine d'impartialité[66], le juge s'est appuyé sur d'autres études scientifiques, qui suivent pourtant l'avis de l'Agence, afin d'énoncer « *qu'un homme peut être regardé comme étant en "âge de procréer » au sens de l'article* L. *2141-4 du Code de la santé publique, jusqu'à un âge d'environ cinquante-neuf ans, au-delà duquel les capacités procréatives de l'homme sont généralement altérées* ». En utilisant le mot « environ », on peut en déduire que la Cour d'appel ne prend pas position et qu'elle préfère laisser le soin à l'ABM et aux équipes médicales de trancher. On ne peut blâmer les magistrats pour cette interprétation approximative, car ils ne peuvent s'arroger un rôle dont le législateur a entendu se soustraire.

---

64 CAA Versailles, 5 mars 2018, n°17VE00824 et n°17VE00826, Agence de la biomédecine.

65 Loi n°94-654 du 29 juillet 1994 relative au don et à l'utilisation des éléments et produits du corps humain, à l'assistance médicale à la procréation et au diagnostic prénatal.

66 L'Agence de la biomédecine serait juge et partie des différentes affaires soumises.

59. Du juge au législateur ? Désormais, selon les juges, un homme est en âge de procréer jusqu'à environ cinquante-neuf ans. Ce seuil, retenu avec vigilance, devrait inviter le législateur à s'interroger sur cette condition évasive. On peut légitimement se demander s'il la précisera quelque peu, s'il fixera un âge maximum précis, ou encore s'il fermera les yeux sur ce problème…

Certes, le couple doit répondre à un certain nombre d'exigences, mais elles ne suffisent pas pour recourir à une AMP. Afin d'en bénéficier, encore faut-il que ce couple uni soit consentant.

B. L'exigence d'un couple uni et consentant

60. Un consentement conjoint. Il est bien évident que le couple, qui souhaite recourir à une assistance médicale à la procréation, doit consentir à celle-ci. En droit commun, le consentement est requis pour tout acte médical. Dans le cas contraire, il n'y aurait plus de permission de la loi et l'acte médical, nécessaire ou non, serait considéré comme une violence volontaire sanctionnée par le Code pénal. Cette condition résulte de l'inviolabilité du corps humain posée par l'article 16-3 du Code civil. Toutefois, en matière d'AMP, on a affaire à un consentement spécial, parce qu'il doit émaner des deux membres du couple comme le prévoit l'article L. 2141-2 du Code de la santé publique[67] et il doit faire l'objet d'un écrit.

La notion de consentement implique de s'interroger sur l'hypothèse d'un majeur placé sous tutelle. Brièvement, il sera seulement mentionné que l'AMP pourrait être assimilée à une décision personnelle, mais l'équipe médicale appréciera probablement l'opportunité en tenant compte de l'intérêt de

---

[67] L'article L. 2141-2 du Code de la santé publique dispose que « *l'homme et la femme formant le couple doivent être vivants, en âge de procréer et consentir préalablement au transfert des embryons ou à l'insémination* ».

l'enfant à naître et de l'état de santé psychologique du majeur protégé.

61. La nécessité d'un couple uni. Si le consentement du couple doit exister, encore faut-il que celui-ci se maintienne jusqu'à la réalisation de la PMA. L'exigence d'un couple uni découle des articles 311-20 alinéa 3 du Code civil et L. 2141-2 alinéa 2 du Code de la santé publique, qui énumèrent les différentes hypothèses de caducité d'une PMA. Ainsi, son interruption peut résulter du « *décès d'un des membres du couple* », du « *dépôt d'une requête en divorce ou en séparation de corps ou de la cessation de la communauté de vie* ». L'AMP peut encore prendre fin suite à une révocation unilatérale. Deux remarques peuvent être faites à la fois sur la révocation unilatérale et sur l'information de l'équipe médicale.

S'agissant de la révocation unilatérale, il convient de préciser trois points. Tout d'abord, elle ne saurait constituer une faute susceptible d'engager la responsabilité civile sur le fondement de l'article 1240 du Code civil[68]. Par ailleurs, en se fondant sur l'absence de consensus, la Cour européenne des droits de l'Homme a admis la licéité de la révocation unilatérale avant toute implantation. Ainsi, elle accorde une certaine marge d'appréciation aux États afin qu'ils recherchent une solution qui concilie les différents intérêts en présence[69]. Enfin, si le consentement de l'un des membres du couple est retiré, l'autre ne peut demander le déplacement des gamètes ou, le cas échéant de l'embryon, vers un autre pays plus permissif. Car en effet, l'importation ou l'exportation de

---

[68] CA Paris, 12 sept. 2003 : JurisData n°2003-226387.

[69] CEDH, gde ch., 10 avr. 2007, *Evans c. Royaume-Uni*, req. n°6339/05 : *D.* 2007. 1202, obs. DELAPORTE-CARRÉ (C.) ; 2008. 1435, obs. GALLOUX (J.-C.) et GAUMONT-PRAT (H.) ; *RDSS* 2007. 810, note ROMAN (D.), *RTD Civ.* 2007. 295, obs. MARGUÉNAUD (J.-P.) ; 545, obs. HAUSER (J.). En l'espèce, la loi britannique interdit l'implantation d'un embryon lorsque le père a retiré son consentement. Le juge européen ne considère pas la loi britannique comme illicite.

gamètes[70] et le « *déplacement transfrontalier d'embryons* »[71] sont subordonnés à l'existence d'un couple.

Quant à l'information de l'équipe médicale, il semblerait qu'il n'y ait aucune obligation de l'informer dans ces différentes situations. Autrement dit, si le couple « désuni » n'informe pas volontairement le personnel médical, une PMA pourrait être réalisée.

62. Couple uni et embryon. Lorsqu'un des membres du couple décède ou en cas de fin de projet parental, l'avenir de l'embryon est limité à trois chemins. Il peut faire l'objet d'un don à un couple demandeur, à la science pour la recherche, ou être détruit.

63. Contrôle par l'équipe médicale et le juge. Certes, le consentement d'un couple uni est nécessaire, mais il n'est pas suffisant pour réaliser une assistance médicale à la procréation. En effet, l'équipe médicale bénéficie de pouvoirs afin d'en contrôler le recours[72]. Ce contrôle se fait par le biais de dossiers à remplir, d'entretiens, de délais de réflexion. Il convient de remarquer que l'accompagnement se voit davantage renforcé dès lors qu'un don, de gamètes ou d'embryon, intervient. Effectivement, lorsque l'annonce d'une infertilité « définitive » tombe, le parent, dont les gamètes sont défaillants, voire absents, est souvent en état de choc, dans un état de grandes souffrances et pris de culpabilité. Le recours à un tiers donneur s'inscrit donc dans un contexte émotionnel difficile, car ce don implique à la fois une rupture dans la filiation génétique et des questions au sein du couple. C'est pourquoi le parcours du couple est également jalonné de consultations au sein des Centres.

---

70 C. santé publ., art. R. 2141-24.

71 C. santé publ., art. R. 2141-14.

72 C. santé publ., art. L. 2141-10 ; Dans le cadre d'un accueil d'embryon, c'est l'autorité judiciaire qui est compétente. C. santé publ., art. L. 2141-6, al. 2.

64. L'absence d'AMP pour tous. Force est de constater qu'à l'heure actuelle, il n'existe pas un droit à l'AMP pour tous. Il ressort de ces développements que le législateur a entendu limiter strictement l'accès à l'assistance médicale à la procréation à une finalité thérapeutique et à un certain modèle de couple. Se faisant, il cherche à rapprocher le plus possible cette procréation artificielle d'une procréation naturelle. Les lois naturelles dictent les lois de l'Homme, mais en sera-t-il toujours ainsi ? L'Homme ne choisira-t-il pas, un jour, de s'émanciper des considérations naturelles ? Aidé de la science, l'être humain cherchera-t-il à défier Mère Nature ? Pour le moment, méfiant, il a choisi d'encadrer rigoureusement la finalité de l'AMP, les personnes qui en bénéficient, mais également les différentes techniques qui la composent.

Section 2. Des techniques rigoureusement encadrées

65. Pratiques autorisées, pratiques interdites. Dans ce point, il ne s'agit nullement d'étudier les règles de sécurité sanitaire ou les conditions d'autorisation et de fonctionnement que doivent observer les laboratoires, les établissements de santé ou tout autre organisme pratiquant une assistance médicale. En revanche, il convient de s'intéresser plus particulièrement d'une part, aux pratiques autorisées (§ 1), et d'autre part, de comprendre pourquoi certaines techniques sont prohibées alors qu'elles sont scientifiquement réalisables (§ 2).

§ 1. Les pratiques autorisées

66. Les pratiques autorisées par la loi. Avant d'analyser le régime particulier de la fécondation *in vitro* (B), il est préférable de détailler les différentes formes de PMA (A).

A. Les différentes formes d'assistance médicale à la procréation

67. Deux formes d'AMP. Dans l'intérêt de l'enfant, la procréation médicalement assistée tente d'imiter la procréation charnelle. *De facto*, les gamètes du couple sont utilisés (1). Toutefois, lorsqu'un des membres du couple est stérile, un tiers donneur intervient. Dès lors, cette procréation devient plus artificielle que charnelle (2).

1. L'assistance médicale à la procréation endogène

68. PMA endogène. Lorsque les gamètes du couple sont utilisés, la PMA est dite endogène. L'enfant est donc génétiquement celui du couple. D'un point de vue de la filiation, les mêmes règles qu'une procréation charnelle s'appliquent, à savoir la présomption de paternité et la reconnaissance. Cette procréation a seulement reçu un petit « coup de pouce » !

2. L'assistance médicale à la procréation exogène

69. PMA exogène. En revanche, lorsqu'un don, d'ovocyte, de spermatozoïde ou d'embryon, intervient, la PMA est dite exogène. Dans cette hypothèse, la PMA « *ne consiste pas seulement à donner un coup de pouce à la nature* »[73], mais nécessite l'intervention d'un tiers. Historiquement, les principes du secret et de la gratuité ont été établis en matière de don du sang et d'organes. Puis, le principe d'anonymat a été étendu par les CECOS, Centres d'étude et de conservation des œufs et du sperme, au don de cellules sexuelles. Pour les deux premiers, le principe d'anonymat est justifié, en revanche, cette analogie s'avère fausse pour le don de gamètes. En effet, on a confondu cellule sanguine et cellule reproductrice, car cette dernière est prélevée, puis utilisée afin de permettre à un enfant de naître. Or, fréquemment, on oublie

---

73 BRUSORIO-AILLAUD (M.), *Droit des personnes et de la famille*, 7ème Edition, Edition Larcier, Collection Paradigme, 2016-2017, n°558, p. 315.

que de ce geste philanthrope naît un enfant et que celui-ci souhaitera un jour savoir d'où il vient (b), cependant le recours à cette technique est strictement encadré (a).

a) L'existence de conditions strictes

70. Un encadrement rigoureux. Cette procréation artificielle, qui cherche par tout moyen à mimer l'union sexuelle, implique des conditions strictes, car l'auteur du don posera des difficultés, notamment dans l'établissement de la filiation. Ainsi, différentes exigences sont édictées s'agissant du donneur, mais auparavant il convient de rappeler les conditions tenant au don.

71. Condition tenant au don. Selon l'article L. 2141-3 du Code de la santé publique, un embryon « *ne peut être conçu avec des gamètes ne provenant pas d'un au moins des deux membres du couple* ». *A contrario*, le couple demandeur ne peut bénéficier d'un double don.

Cette disposition a été validée par le Conseil constitutionnel le 27 juillet 1994[74]. En 2012, la Cour de cassation a refusé le renvoi de la question prioritaire de constitutionnalité (QPC) portant sur une éventuelle discrimination. Elle estimait qu'il n'était « *survenu aucun changement de circonstances de nature à justifier* »[75] un nouveau contrôle de conformité. Cette solution s'avère critiquable, car le Conseil n'avait pas abordé cet article sous cet angle. Or, l'objet même du recours était de savoir si le texte créait une discrimination à l'égard des couples, dont les deux membres sont stériles, en leur interdisant le recours au double de don de gamètes. L'inégalité aurait pu être reconnue, mais elle est toute relative, puisque

---

[74] Cons. const., 27 juill. 1994, n°94-343/344 DC, JO du 29 juill. 1994, p. 11024.

[75] Cass. 1ère civ., 19 janv. 2012, n°11-40089 : Juris-Data n°2012-000461 ; *Dr. fam.* 2011, alerte 97, LAMARCHE (M.) ; *D.* 2012, p. 1432, obs. GRANET-LAMBRECHTS (F.) ; *RTD civ.* 2012, p. 303, obs. HAUSER (J.).

l'article L. 2141-4 du Code de la santé publique permet le don d'embryon.

En principe, il ne peut y avoir de double donation mais, par exception, le don d'embryon est autorisé. Lorsque l'embryon n'est plus implantable au sein d'un couple, en cas de décès ou de disparition du projet parental, il peut être accueilli par un autre couple.

72. Conditions tenant au donneur. Comme la PMA exogène fait intervenir un tiers à la relation du couple, trois règles strictes ont été posées au sujet du donneur. Au fil des années, la gratuité (1°) et la condition d'avoir déjà procréé (2°) ont été assouplies, en revanche, l'anonymat du donneur demeure inchangé bien que de plus en plus contesté (3°).

1°) La gratuité du don

73. Gratuité. Tout d'abord, le don de gamètes et d'embryon est gratuit. En effet, en vertu de l'article 16-1 alinéa 3 du Code civil, le corps humain et ses produits, sous-entendu ses gamètes, ne peuvent faire l'objet d'un commerce. Néanmoins, selon Sophie Dumas-Lavenac[76], la loi de bioéthique du 7 juillet 2011 a mis fin à la gratuité du don de gamètes, en prévoyant que le majeur n'ayant pas procréé peut donner ses gamètes en contrepartie d'une autoconservation. À juste titre, elle souligne qu'au sens du droit des contrats, « *la gratuité ne s'entend pas seulement de l'absence de rémunération pécuniaire, elle s'entend de l'absence de toute contrepartie* » et, en matière de don de gamètes, le législateur de 1994 l'avait conçu comme un geste philanthrope.

[76] DUMAS-LAVENAC (S.), « Anonymat du don de gamètes et droit d'accès à ses origines génétiques », *in* DUMAS-LAVENAC (S.) (dir.), *Cahier Droit, Sciences & Technologies n°7 - La protection de la personne née d'une PMA impliquant un tiers*, n°7, Presses Universitaires d'Aix Marseille, P.U.A.M., Cahiers Droit, Sciences & Techologies, 2017, p. 61.

2°) La nécessité d'avoir déjà procréé

74. Une exigence assouplie. Ensuite, le donneur doit déjà avoir procréé. Toutefois, eu égard à la pénurie des dons, la règle a été assouplie. En effet, l'objectif visé par la loi du 7 juillet 2011 est de remédier à la pénurie des dons, plus particulièrement aux rares dons d'ovocytes, compte tenu du manque d'informations et du processus douloureux. Deux techniques du « donnant-donnant » ont vu le jour : l'une résulte de la pratique et l'autre du législateur.

75. Le recrutement de donneuses. S'agissant de la contrepartie prévue par les professionnels de santé, certains CECOS ont permis aux couples demandeurs, qui recrutaient une donneuse, de se voir proposer un délai d'attente réduit[77], mais les ovocytes collectés ne sont pas attribués à ce couple. Ce procédé est contestable, car l'article L. 1244-7 du Code de la santé publique dispose que « *le bénéfice d'un don de gamètes ne peut en aucune manière être subordonné à la désignation par le couple receveur d'une personne ayant volontairement accepté de procéder à un tel don en faveur d'un couple tiers anonyme* ». En outre, le Professeur Leroyer souligne que cette « *pratique conduit à une rémunération occulte de la donneuse d'ovocyte* »[78].

76. Une nouvelle forme d'autoconservation. Quant à la contrepartie du législateur de 2011, il a prévu qu'un majeur n'ayant pas procréé peut donner ses gamètes et, en échange, ils seront conservés en vue d'un éventuel recours à une PMA. Or, faut-il voir dans cette autoconservation une forme de chantage vouée à convaincre des jeunes femmes de don-

---

77 En 2011, l'IGAS constate dans son rapport que l'offre de soins de don d'ovocytes est insuffisante. Les besoins ne sont pas couverts et les délais d'attente restent importants.

78 LEROYER (A.-M.), « Bioéthique - Caractéristiques génétiques - Don d'organes - Embryon - Cellules hématopoïétiques - IVG - AMP - Consentement - Anonymat », *RTD Civ*, 2011, p. 603.

ner leurs gamètes ?[79] Auparavant, la loi ne prévoyait l'autoconservation que pour des raisons médicales, dès lors qu'un traitement altère la fertilité. Cependant, cette nouvelle hypothèse d'autoconservation modifie la nature du don, qui n'est plus altruiste, mais incité, voire intéressé, et entraînera nécessairement d'autres problématiques. Compte tenu de la rareté des dons d'ovocytes, cette offre alléchante engendrera indubitablement un nouveau portrait de donneuse. D'une part, si on imagine qu'une jeune étudiante envisage de longues études et une brillante carrière professionnelle. Ce choix la conduit nécessairement à ne pas être disponible avant trente-cinq ans pour enfanter. Grâce aux dispositions en vigueur, elle bénéficiera de l'autoconservation en contrepartie d'un don d'ovocyte qui est largement incité. Cette contrepartie peut constituer une motivation assez forte, mais elle n'est pas une « *assurance fertilité* »[80]. Il semble indispensable d'informer les donneuses sur le fait que le « *nombre d'ovocytes conservés pour elles-mêmes au cours du don est insuffisant pour leur assurer la naissance d'un enfant et qu'il s'agit donc juste d'une conservation a minima* »[81]. Autrement dit, l'autoconservation à leur profit n'est pas garantie. D'autre part, il est à craindre une marchandisation des dons. Grâce aux réseaux sociaux, un couple demandeur pourrait « recruter » une donneuse, contre une rémunération. Des dérives en découleraient et on serait bien loin de l'esprit d'entraide, souhaité par le législateur…

---

79 Cette disposition a été vivement débattue dans l'hémicycle. AN, 1ère séance 25 mai 2011, *JOAN CR*, 26 mai 2011, p. 3457.

80 GRÈZE (C.), « La pratique de la PMA impliquant un tiers dans le cadre législatif : le point de vue du biologiste », *in* DUMAS-LAVENAC (S.) (dir.), *Cahier Droit, Sciences & Technologies n°7 - La protection de la personne née d'une PMA impliquant un tiers*, n°7, Presses Universitaires d'Aix Marseille, P.U.A.M., Cahiers Droit, Sciences & Techologies, 2017, p. 35.

81 *Ibidem*, p. 37.

3°) L'anonymat

77. Un anonymat à double entrée. Enfin, le caractère anonyme s'impose au donneur, mais également au couple demandeur en vertu des articles 16-8 du Code civil et L. 1211-5 du Code de la santé publique. En effet, selon ce dernier texte, « *le donneur ne peut connaître l'identité du receveur, ni le receveur celle du donneur. Aucune information permettant d'identifier à la fois celui qui a fait don d'un élément ou d'un produit de son corps et celui qui l'a reçu ne peut être divulguée* ». Afin d'assurer l'effectivité de ces dispositions, le Code pénal considère que « *le fait de divulguer une information permettant à la fois d'identifier* » le couple demandeur ou le donneur est un délit[82]. L'unique faille admise n'est réservée qu'au médecin en cas de nécessité thérapeutique.

78. L'anonymat en pratique. En pratique, les dossiers des tiers donneurs sont soumis à un processus d'anonymisation. Ce processus est assez lourd, car il implique « *de fortes contraintes de sécurisation des données, une gestion longue et minutieuse des dossiers, une anonymisation des gamètes depuis le prélèvement ou la ponction jusqu'à l'attribution au couple receveur* ». Il nécessité également un suivi et une « *comptabilisation des naissances* »[83], et enfin, les données sont archivées et conservées.

79. Critique de l'anonymat. Cet anonymat d'ordre public, calqué sur celui-ci des dons du sang et d'organe, est critiquable à deux égards. D'une part, l'anonymat n'est pas un principe immuable. En effet, il peut être écarté, tel est le cas en matière de don d'organe entre personnes vivantes. Dès lors, qu'est-ce qui empêche de l'écarter en cas de don de gamète ? D'autre part, les gamètes ne sont pas des produits du corps humain comme les autres. L'anonymat pour un don d'organe cherche à favoriser l'assimilation. Cette dépersonnalisation tend à éviter les rejets, or les gamètes n'ont pas

---

82 C. pén., art. 511-10.

83 *Ibid.*, p. 36.

vocation à être assimilés, mais à donner naissance à un enfant qui un jour souhaitera connaître son histoire.

b) L'absence d'accès aux origines

80. Deux secrets. Le législateur a fait le choix d'entretenir deux secrets : d'une part, le secret de la conception (1°), et d'autre part, le secret lié à l'identité du donneur (2°).

1°) Le secret de la conception

81. Premier secret : la conception. S'agissant du secret de la conception, il est entretenu par le droit de la filiation. Nul doute que le recours à une AMP a nécessairement un impact sur le droit de la filiation. Or, ce dernier alimente, à trois reprises, le mystère qui entoure la naissance de l'enfant : à travers la filiation du couple demandeur, associant procréation et fiction juridique, à travers l'éviction du donneur, et enfin à travers l'absence de mention d'une PMA dans l'acte de naissance.

82. Procréation et fiction. Dans un premier temps, le secret de la conception découle de la filiation entre le couple et l'enfant. L'établissement de cette filiation est contestable, car elle est fondée sur le consentement.

Selon l'adage « *mater semper certa est* », la mère est celle qui accouche. Si après l'accouchement, le nom de la mère figure dans l'acte de naissance, alors la filiation est établie[84].

En revanche la filiation paternelle s'établit par le biais des mêmes fictions juridiques qu'une procréation naturelle, notamment la présomption de paternité ou la reconnaissance. En effet, la logique des fictions prend tout son sens puisque le père, désigné comme tel par le jeu des présomptions, n'est pas en réalité le géniteur, mais il reste l'homme qui entretient

---

[84] C. civ., art. 311-25.

des relations sexuelles, habituelles et supposées procréatives, avec la mère. La filiation ne correspondant pas à la réalité biologique, elle peut être aisément contestée, d'où l'intérêt d'une telle simplicité d'établissement.

De surcroît, le consentement donné au préalable par le couple a un double effet : à la fois il « *interdit toute action aux fins d'établissement ou de contestation de la filiation* » et il fait planer une menace sur l'homme, qui consent à l'AMP, car ce dernier « *engage sa responsabilité envers la mère et l'enfant* », s'il « *ne reconnaît pas l'enfant qui est en est issu* »[85]. Autrement dit, le consentement « verrouille » la filiation et fait disparaître toutes les preuves du recours à un donneur, assurant un secret absolu. Or, cette filiation méprise le principe d'indisponibilité de l'état des personnes.

83. L'éviction du donneur. Dans un deuxième temps, le secret de la conception provient également de l'éviction du donneur dans cette équation procréative. En effet, l'article 311-19 du Code civil prévoit d'une part, qu'aucun lien de filiation ne peut être établi entre l'enfant et le tiers donneur, et d'autre part, qu'aucune action en responsabilité ne peut être exercée contre l'auteur du don.

84. L'absence de mention en marge de l'acte de naissance. Enfin, dans un troisième temps, l'acte de naissance joue également en rôle dans le secret de la conception. En vertu des articles 1157-2 et 1157-3 du Code de procédure civile, la déclaration conjointe doit être recueillie « *hors de la présence des tiers* ». Autrement dit, seuls le couple et le médecin ont connaissance du recours à un don de gamètes. *A contrario*, l'officier d'état civil ignore l'existence du recours à une PMA et il ne pourra donc le mentionner dans l'acte de naissance, alors qu'à l'inverse, le mécanisme de l'adoption plénière est inscrit en marge de l'acte. Ce n'est pas seulement l'identité du donneur qui ne sortira pas des murs de

---

[85] C. civ., art. 311-20, al. 2 et al. 4.

l'institution médicale, c'est également son intervention. Sauf à considérer que le couple révèle le secret de sa conception à l'enfant, ce dernier ignore la participation à un tiers, car aucune mention ne figure dans l'acte de naissance.

85. *Quid* du dossier médical ? Le dossier médical, qui est un ensemble de documents permettant de retracer le parcours en santé d'un patient, pourrait-il lever le mystère de la conception ? À deux égards, il semblerait qu'il dissimule cette conception artificielle.

Pour l'heure, il n'existe pas de dossier médical unique par patient. Autrement dit, le patient dispose d'un dossier par professionnel de santé, par établissement de santé, par centre de santé[86]. Ainsi, il reviendra à l'enfant issu du don de trouver le centre de santé en question. Or, même en le trouvant, il n'est pas certain qu'il obtienne l'information qu'il recherche !

Selon l'alinéa 1 de l'article L. 1111-7 du Code de la santé publique, « *toute personne a accès* » à son dossier médical. De nombreuses informations sont donc disponibles. Mais malheureusement, elles ne sont pas toutes accessibles, car en effet, il est précisé *in fine* que certains documents qui concernent un tiers, par exemple l'auteur du don, ne sont pas communicables.

86. Le secret absolu. La loi organise le secret de la conception, mais elle prive également l'enfant issu d'un don de ses racines biologiques. Car en effet, même si le mystère de la conception est levé par les parents, l'anonymat absolu protège farouchement l'identité du donneur.

2°) Le secret lié à l'identité du donneur

87. Second secret : l'identité du donneur. Quant au secret lié à l'identité du donneur de gamètes, force est de

---

[86] C. santé publ., art. L. 1111-7.

constater que la quête des origines de l'enfant est vouée à l'échec. En effet, même si les parents révèlent à l'enfant qu'il est né d'un don de gamète, il ne connaîtra jamais son géniteur, car il se heurte au principe d'anonymat. Dès lors, on peut légitimement se demander quelle est la finalité d'un tel précepte. À l'origine, lorsque le législateur a opté pour l'anonymat d'ordre public, il cherchait à protéger les futurs parents et le donneur. Les premiers, parce qu'on ne veut nullement fragiliser leur rôle, le second, parce qu'on ne veut donner aucune portée à ce don ; aucun lien de filiation ne peut être établi.

88. Exception restrictive à l'anonymat : la nécessité thérapeutique. La seule dérogation permise[87] ne vise que les médecins. En cas de nécessité thérapeutique, le médecin peut accéder à des informations médicales, non identifiantes. *A contrario*, le médecin n'a pas accès à des informations personnelles, ni des informations identifiantes. Les Centres conservent l'identité des donneurs et les données à caractères personnelles dans des recueils informatisés et ainsi, ils sont soumis au contrôle de la CNIL. Or, même dans cette exception, l'enfant n'a pas accès à ses origines !

En 2011, le législateur complète ce dispositif en prévoyant que « *lorsqu'est diagnostiquée une anomalie génétique grave dont les conséquences sont susceptibles de mesures de prévention* » chez un donneur, ce dernier peut autoriser son médecin prescripteur à saisir le responsable du CECOS afin qu'il informe les enfants issus du don[88]. Ce n'est qu'une faculté pour le donneur, alors qu'à l'inverse, c'est une obligation pour les membres d'une famille. Le secret de la conception et de l'identité justifie-t-il une telle différence ?

89. Une quête vouée à l'échec. Actuellement, il est impossible pour un enfant né d'une PMA exogène de connaître

---

[87] C. santé publ., art. L. 1244-6.

[88] C. santé publ., art. L. 1131-1-2.

l'identité du tiers donneur, car le principe d'anonymat, qui est d'ordre public, protège férocement celui-ci. Face à cette absence d'accès aux origines, la question qu'on peut légitimement se poser est : que sait-on de l'auteur du don ? En vérité, les rares indices récoltés sont liés à la légalité et à la pratique médicale.

Concernant les informations liées à la légalité, le législateur exige différentes conditions qui dressent une bien piètre esquisse du donneur : il doit déjà avoir procréé bien qu'une réserve soit faite à ce sujet, ses gamètes ne peuvent donner naissance à plus de dix enfants, il a fait ce don gratuitement, s'il fait partie d'un couple, l'autre membre doit avoir consenti, et enfin, il ignore si ses cellules ont été utilisées. Grâce à un raisonnement basé sur des « *a contrario* » et « *de facto* », l'enfant peut recueillir quelques informations. Toutefois, celles-ci demeurent vagues et insuffisantes pour identifier le géniteur.

Quant à la pratique médicale, tout est organisé afin que le couple receveur passe pour avoir conçu l'enfant sans l'aide d'un tiers. En effet, les professionnels de santé s'attardent sur les caractéristiques physiques des patients. Afin de parfaire le secret absolu, les CECOS apparient le géniteur et le père infertile de manière à ce que le recours à une PMA exogène soit le moins visible possible, par exemple, grâce à des traits semblables ou à un groupe sanguin identique.

90. D'un secret absolu à un secret relatif ? Finalement, la quête de l'enfant né d'un don pour connaître son histoire est semée d'embûches : l'absence de mention dans son acte de naissance, les indices épars et médiocres au sujet du donneur, et enfin le principe d'anonymat absolu. Or, l'enfant se heurtera-t-il toujours à ce principe ou, un jour, aura-t-il accès à ses origines ? Hier, face à cet anonymat absolu, l'enfant né d'une AMP exogène n'avait pas accès à ses origines. Aujourd'hui, plus de vingt ans après, les cris des enfants nés de la première génération de PMA résonnent dans l'hémicycle. Ils contestent cet « *anonymat absolu, inconditionnel et irréversible* »[89]. Mais demain, il se pourrait que cela change, car en effet, dans d'autres domaines, le secret absolu est devenu un secret relatif, notamment en matière d'accouchement sous X.

91. FIV. Après avoir différencié la PMA endogène et exogène, il convient de s'intéresser plus particulièrement à la technique de la fécondation *in vitro.*

B. Le régime particulier de la fécondation *in vitro*

92. Présentation de la FIV. La fécondation *in vitro* (FIV) reproduit les étapes de la fécondation *in vivo* mais dans une éprouvette. Autrement dit, après avoir recueilli les gamètes du couple, l'ovocyte est mis en présence de spermatozoïdes. Par la suite, l'embryon, issu de la rencontre des gamètes, est transféré dans l'utérus de la mère. Lors de la conception des embryons, le couple et l'équipe médicale se trouvent pieds et poings liés par la loi, en revanche, lors de l'implantation, il ne semble exister aucune limite textuelle.

93. Une conception textuellement limitée. L'article L. 2141-3 alinéa 2 du Code de la santé publique circonscrit la conception d'embryon à deux égards. D'une part, il prévoit que le couple peut consentir à la réalisation d'une FIV, mais le nombre d'embryons « *est limité à ce qui est strictement nécessaire à la réussite de l'assistance médicale à la procréation* ». D'autre part, le texte, *in fine*, précise que le couple dont les « *embryons ont été conservés ne peut bénéficier d'une nouvelle tentative de fécondation in vitro avant le transfert de ceux-ci sauf si un problème de qualité affecte ces embryons* ». Autrement dit, la loi limite à la fois le nombre d'embryons et le nombre de FIV à réaliser. Cette double

---

89 CRÉPEY (E.), « Anonymat du donneur de gamètes et respect de la vie privée », *RFDA*, 2013, n°05, p. 1051.

restriction s'appuie sur la volonté de limiter le nombre d'embryons surnuméraires.

94. Une implantation limitée par la pratique. En revanche, lors de l'implantation des embryons, il ne semble exister aucune limite légale. En réalité, dans la pratique, des limites sont mises en place. En effet, se basant sur des résultats cliniques, le CCNE a considéré que le nombre de trois embryons ne devrait pas être dépassé[90]. Un arrêté du 11 avril 2008 a par ailleurs ajouté que le nombre d'embryons implantés « *dépend de la cinétique de clivage et de la morphologie des embryons, des résultats des tentatives antérieures éventuelles, de l'âge de la patiente et de ses antécédents. Il est autant que possible limité à deux embryons transférés, voire un seul dans certaines indications. Au-delà de deux embryons, les raisons sont justifiées dans le dossier médical du couple* »[91].

95. Pratiques interdites. Après avoir étudié les pratiques autorisées, il convient d'analyser les différentes techniques prohibées bien qu'elles soient scientifiquement réalisables.

§ 2. Les pratiques prohibées

96. Des enfants interdits. Certaines techniques d'assistance médicale à la procréation ne sont pas autorisées par la loi, d'une part, parce que l'enfant-orphelin et l'enfant-abandonné heurtent les considérations naturelles du législateur (A), et d'autre part, parce que l'enfant-parfait et l'enfant-cloné sont jugés être des crimes contre l'espèce humaine, car

---

[90] « *Outre l'âge de la femme, l'élément qui influe beaucoup sur le taux de succès de la FIV est le nombre des embryons transférés. Les résultats, présentés en taux de grossesses cliniques par transfert passent d'un taux de 9 % pour un embryon transféré, à 18 % pour deux, 26 % pour trois mais n'augmente presque pas au-dessus de trois embryons transférés* ». CCNE, avis n°42, 30 mars 1994, sur l'évolution des pratiques d'AMP.

[91] Arrêté du 11 avril 2008 relatif aux règles de bonnes pratiques cliniques et biologiques d'assistance médicale à la procréation, JORF n°0119 du 23 mai 2008, texte n° 32, p. 8387.

ils sont le fruit d'une prédétermination et non du hasard génétique (B).

A. Deux parents et un utérus

97. GPA et procréation *post mortem*. Le législateur limite l'équation du couple demandeur à deux : pas un utérus de plus (1), pas un parent de moins malgré le décès (2).

1. La prohibition de la gestation pour autrui

98. Définition. La gestation pour autrui ou convention de mère porteuse est une technique de procréation qui consiste à ce qu'une femme, la mère porteuse, porte un enfant en vue de le remettre à sa naissance à un couple demandeur.

99. Différentes hypothèses. Dans les faits, la GPA correspond à différentes pratiques. La première hypothèse est celle d'un couple fertile dont on utilise les gamètes pour concevoir un embryon. Mais ce dernier est implanté dans l'utérus d'une autre femme. Cette pratique tend à pallier les grossesses à risque, voire les impossibilités. En ce sens, on peut citer la molécule DES, ou distilbène, qui promettait un miracle pour les naissances, mais qui s'est avérée être un désastre pour les descendances. En effet, suite à la prise de cette molécule par la mère, les filles de ces mères se trouvent aujourd'hui confrontées à des infertilités, des malformations de l'utérus, voire des cancers de l'utérus[92]. La deuxième hypothèse consiste à inséminer la mère porteuse avec les gamètes soit du futur père, soit d'un tiers donneur. La troi-

---

[92] CA Versailles, 1er juin 2017, n°15/05271 : En l'espèce, la requérante este en justice contre le laboratoire pharmaceutique du fait d'une infertilité imputable au traitement de Distilbène que sa mère a pris. Après avoir plusieurs fois essayés des FIV, elle se tourne vers la GPA. La Cour d'appel de Versailles confirme que l'infertilité est imputable à une imprudence par défaut de vigilance du laboratoire. Cependant, concernant la demande de réparation liée aux frais de la GPA, la requérante est déboutée. En effet, « *dès lors que la licéité de la gestation pour autrui n'est pas reconnue en France et se heurte donc à l'ordre public interne* », la demande doit être rejetée. La Cour prend en considération que suite à cette GPA, des jumeaux sont nés et elle en déduit que la requérante ne subit aucun préjudice d'établissement.

sième hypothèse consiste à tout d'abord pratiquer une FIV d'un ovocyte d'une donneuse avec les gamètes du futur père, ensuite l'embryon est transféré dans l'utérus de la mère porteuse. Enfin, la dernière hypothèse consiste à tout d'abord effectuer une FIV avec l'ovocyte d'une femme et les gamètes d'un tiers donneur, par la suite, l'embryon est transféré dans l'utérus de la mère.

Ces différentes hypothèses renvoient, en réalité, à deux situations : soit la mère porteuse porte son propre enfant, on parle de GPA traditionnelle ou non gestationnelle, soit elle porte l'enfant du couple, on parle alors de GPA gestationnelle, parce que son rôle se limite à la grossesse et l'accouchement. Toutefois, peu importe sa forme, elle est condamnée en France.

100. Une interdiction posée par la jurisprudence. Avant que le législateur n'intervienne, la Cour de cassation a été confrontée à cette question délicate qui mêle éthique, morale et désir inassouvi. Ainsi, en mai 1991, la Haute juridiction avait condamné la GPA en affirmant que « *la convention par laquelle une femme s'engage, fut-ce à titre gratuit, à concevoir et à porter un enfant pour l'abandonner à sa naissance contrevient tout autant au principe d'ordre public de l'indisponibilité du corps humain qu'à celui de l'indisponibilité de l'état des personnes* »[93]. S'agissant du principe de l'indisponibilité du corps humain, il signifie que le corps humain et ses éléments ne peuvent faire l'objet d'un contrat. Quant au principe l'indisponibilité de l'état des personnes, il signifie que l'état d'une personne, par

---

[93] Cass., ass. plén., 31 mai 1991, pourvoi n° 90-20.105, *Bull. civ.* 1991, *D.* 1991. 417, rappr. CHARTIER (Y.), note *D.* THOUVENIN ; *JCP* 1991. II. 21572, comm. BERNARD (J.), concl. DONTENWILLE (H.), note TERRÉ (F.) ; *RTD Civ.* 1991. 517, obs. HUET-WEILLER (D.) ; *Défrenois* 1991. 947, obs. MASSIP (J.) ; *GAJC*, Dalloz, n°50 ; GOBERT (M.), « Réflexions sur les sources du droit et les □principes" d'indisponibilité du corps humain et de l'état des personnes. (À propos de la maternité de substitution) », *RTD Civ.* 1992. 489.

exemple son nom ou son sexe, échappe à la volonté d'un individu.

101. L'intervention du législateur. Quelques années après, en 1994, le législateur est intervenu d'une part, en prohibant la gestation pour autrui à l'article 16-7 du Code civil, qui dispose que « *toute convention portant sur la procréation ou sur la gestation pour le compte d'autrui est nulle* », et d'autre part, en punissant « *le fait de s'entremettre* » à cette fin[94].

102. L'alliance entre la loi et la jurisprudence. C'est ainsi qu'est née l'alliance entre le législateur et le juge afin de lutter contre la GPA. Le premier a posé clairement l'interdit dans le Code civil. Le second, afin de renforcer les dispositions légales, a prévu deux sanctions pour dissuader les couples de la tentation de cette fraude : le refus de transcription de l'acte de naissance étranger et l'impossibilité d'adopter l'enfant illégalement conçu. S'agissant de l'adoption, c'est dans son arrêt du 31 mai 1991 que la Cour de cassation avait annoncé fermement son impossibilité. La Cour avait en effet précisé que l'adoption « *n'était que l'ultime phase d'un processus destiné à permettre à un couple l'accueil à son foyer d'un enfant, conçu en exécution d'un contrat tendant à l'abandon à sa naissance par sa mère* ». La demande afin d'adopter l'enfant après le recours à une GPA « *constituait un détournement de l'adoption* ». Quant au refus de la transcription de l'acte de naissance étranger, cette sanction tendait également à dissuader les couples. Toutefois, cette dernière réprimande s'avère être la première fissure dans l'édifice…

103. Du contentieux de la transcription à celui de l'adoption. L'intervention du législateur n'a pas pour autant empêché un tourisme procréatif florissant. Nombre de couples se rendent à l'étranger pour recourir à une GPA et

---

94 La peine encourue est d'un an d'emprisonnement et de 15 000 euros d'amende, mais elle est doublée lorsque « *les faits ont été commis à titre habituel ou dans un but lucratif* » ; C. pén., art. 227-12.

lorsqu'ils reviennent sur le sol français, ils doivent régulariser la situation juridique de l'enfant en faisant transcrire l'acte d'état civil étranger sur les registres d'état civil français.

Pour la première fois en 2008, la Cour de cassation[95] a dû se prononcer sur cette nouvelle forme de contentieux : la transcription d'acte de naissance d'un enfant issu d'une GPA faite à l'étranger. Reconnaissant la contrariété des actes de naissance à l'ordre public, elle a annulé la transcription de ceux-ci. Par la suite, dans trois arrêts du 6 avril 2011, la Haute juridiction[96] a confirmé sa position. Toutefois, la condamnation de la France par la Cour européenne des droits de l'Homme[97] est venue bouleverser l'équilibre établi par le législateur et le juge.

Le 3 juillet 2015, enjointe par le juge européen, l'Assemblée plénière a admis que la GPA ne faisait pas obstacle à la transcription de l'acte de naissance étranger à l'état civil français. Ce revirement de jurisprudence a été la première brèche dans l'édifice de la bataille contre la GPA. Certes, il ne restait plus que la seconde sanction pour dissuader les couples, celle de l'impossibilité d'adopter l'enfant illégalement conçu, mais malheureusement le second allié est tombé dans l'arrêt *Vic-*

---

95 Cass., 1ère civ., 17 déc. 2008, n°07-20.468, cassant Paris 25 oct. 2007, *RTD Civ.* 2008, 93 ; *D.* 2009, 332, avis SARCELET (D.) et note BRUNET (L.) ; *AJ famille* 2009. 81, obs. CHÉNÉDÉ.

96 Cass., 1ère civ., 6 avr. 2011, n°09-66.486, n°10-19.053 et n°09-17.130, *D.* 2011. 1522, note BERTHIAU (D.) et BRUNET (L.) ; 1001, édito ROME (R.) ; 1064, entretien LABBÉE (X.) ; 1585, obs. GRANET-LAMBRECHTS (F.) ; 1995, obs. BONFILS (P.) et GOUTTENOIRE (A.) ; 2012. 308, obs. GALLOUX (J.-C.) et GAUMONT-PRAT (J.-C) ; 1228, obs. GAUDEMET-TALLON (H.) et JAULT-SESEKE (F.) ; *AJ famille*. 2011. 262, obs. CHÉNÉDÉ (F.) ; 265, obs. HAFTEL (B.) ; 266, interview DOMINGO (M.) ; *Rev. Crit. DIP* 2011. 722, note HAMMJE (P.) ; *RTD Civ.* 2011 340, obs. HAUSER (J.) ; JCP 2011. 441, chron. VIALLA (F.) et REYNIER (M.).

97 CEDH, 26 juin 2014, *Mennesson c. France*, req. n°65192/11 ; *Labassé c. France*, req. n°65941/11.

torville du 5 juillet 2017, sonnant le glas de l'interdit prévu par la loi…[98]

2. L'interdiction de la procréation *post mortem*

104. Définition. La procréation *post mortem* renvoie à deux hypothèses. D'une part, elle peut consister au transfert d'un embryon *post mortem*. D'autre part, elle peut découler de l'utilisation des gamètes congelés du défunt. Dans cette seconde hypothèse, deux techniques sont envisageables : soit l'insémination artificielle *post mortem*, soit la fécondation *in vitro post mortem*, c'est-à-dire que l'embryon implanté est conçu *post mortem*.

105. Affaire *Pires*. Avant que le législateur n'intervienne en 1994, la jurisprudence a été la première à être confrontée à cette question douloureuse. Dans les années 1980, les juges ont été saisis de demandes de veuves qui désiraient bénéficier soit d'une insémination artificielle *post mortem*, soit d'un transfert d'embryon *post mortem*. La difficulté majeure résultait des solutions contradictoires rendues par les juridictions.

En 1984, dans l'affaire *Parpalaix*, le Tribunal de grande instance de Créteil a autorisé la remise des paillettes de sperme du mari défunt à sa veuve afin de réaliser une insémination[99]. Pour fonder sa décision, le tribunal s'était appuyé sur le consentement du défunt, mais aussi sur le fait que la procréation ne pouvait être considérée en elle-même comme illicite « *puisqu'elle est une fin naturelle du mariage* »[100]. Ce dernier argument est contestable puisque le mariage n'est plus né-

---

[98] Cf infra Première partie, Chapitre 2, Section 1, §2, p. 59.

[99] TGI Créteil, 1er août 1984, *Parpalaix c. CECOS, JCP* 1984. II. 20321, note CORONE (S.) ; *RTD Civ.* 1984. 703, obs. NERSON (R.) et RUBELLIN-DEVITCHI (J.) ; TGI Angers, 10 nov. 1992, *D.* 1994, somm., p. 30, obs. LABBÉE (X.) ; *RTD Civ.* 1994. 579, obs. HAUSER (J.).

[100] LITAIZE (N.), sous la direction de HENRY (X.) et GANZER (A.), « Le droit à l'enfant », Thèse de doctorat, Droit privé et sciences criminelles, Université de Lorraine, 2013.

cessairement lié à la procréation. Compte tenu de l'époque, on pourrait comprendre cet argument qui érige le mariage comme un pilier de la procréation. Néanmoins, depuis quelques années, mariage et procréation ne sont plus si intimement liés, voire déconnectés ! La preuve la plus flagrante est la loi du 17 mai 2013, ouvrant le mariage aux couples de même sexe.

Or, sept ans après, en 1991, le Tribunal de grande instance de Toulouse a rejeté une demande similaire[101]. Finalement, en 1996, la Cour de cassation a tranché le débat dans l'affaire *Pires,* en condamnant toute forme de procréation *post mortem.*

106. La loi. Le législateur a retenu cette solution et l'article L. 2141-2 du Code de la santé publique prévoit que le décès d'un des membres du couple fait obstacle à l'insémination ou au transfert des embryons. Autrement dit, la procréation *post mortem* est prohibée sans faire de différence. Or, cette absence de distinction est critiquable, car si l'interdit de l'insémination *post mortem* se comprend aisément, en revanche, celui du transfert d'embryon *post mortem* est plus discutable.

107. L'insémination *post mortem* : une interdiction compréhensible. S'agissant de l'insémination *post mortem*, différents arguments pourraient être avancés pour justifier le refus de restituer les paillettes de sperme.

Tout d'abord, la volonté de ne pas faire naître un orphelin peut justifier cette règle.

Par ailleurs, le droit des contrats pourrait aussi justifier le refus de restitution. Plus précisément, en vertu du principe d'effet relatif des contrats, la veuve ne pourrait y prétendre, parce qu'elle est un tiers au contrat conclu entre le CECOS et le défunt, en vue de la conservation des gamètes.

---

101 TGI Toulouse, 26 mars 1991, *Galon c. CECOS.*

Enfin, la veuve, qui s'estimerait être créancière d'une obligation de restitution des paillettes du fait de son statut d'héritière, se verrait opposée le principe d'indisponibilité du corps humain. Certes un héritier peut se voir transmettre tout ou partie du patrimoine du *de cujus*, mais le principe d'indisponibilité du corps humain, et par extension ses gamètes, interdit la restitution de ceux-ci dans un contrat.

Il convient de remarquer qu'un arrêté du 11 avril 2008 a entendu éviter toutes les tentatives de restitution en mettant en place deux procédés. Ainsi, il est prévu que « *la restitution ultérieure des paillettes n'est faite qu'au patient lui-même* » et *« qu'en cas de décès, il est mis fin à la conservation des gamètes ou des tissus germinaux* »[102].

108. Le transfert d'embryon *post mortem* : une interdiction critiquable. Concernant le transfert d'embryon *post mortem*, le problème s'avère plus épineux, puisque l'embryon est déjà conçu, mais pas encore implanté lorsque le décès du père survient. Le transfert d'embryon *post mortem* est prohibé, malgré l'effectivité du projet parental, dont son existence même témoigne.

109. L'avenir de l'embryon : paradoxe et cruauté. Paradoxalement, le législateur permet à la veuve de décider de l'avenir de l'embryon dont elle est privée : elle pourra ainsi opter entre sa destruction, son don à la recherche ou à un couple. Cette pratique semble bien cruelle, puisque la mère, portant le fardeau de cette double perte, le père et l'embryon, doit abandonner tout avenir, alors même que le projet parental était si proche d'éclore. Il apparaît paradoxal et cruel qu'elle ne puisse élever seule l'enfant, mais qu'elle puisse décider de sa fin…

---

102 Arrêté du 11 avril 2008 relatif aux règles de bonnes pratiques cliniques et biologiques d'assistance médicale à la procréation, JORF n°0119 du 23 mai 2008, texte n° 32, p. 8387.

En 2011, en dépit de l'avis du CCNE favorable à l'autorisation du transfert d'embryon *post mortem*[103], subordonnée toutefois à trois conditions, le législateur a maintenu l'interdiction de la procréation *post mortem* dans la loi du 7 juillet 2011. Mais depuis, de l'eau a coulé sous les ponts et le juge administratif semble bien décidé à entériner cette pratique[104].

110. La science et ses dérives ? Les progrès de la science remettent en cause plusieurs distinctions fondamentales. S'agissant de la GPA, elle trouble la frontière entre la fiction juridique et la réalité biologique, puisque la mère porteuse peut être son parent biologique ou un simple incubateur. Concernant la procréation *post mortem*, elle « *remet en cause la frontière entre la vie et la mort* »[105]. Alors que le décès du père devrait paralyser la procréation, la science a annihilé cet obstacle. L'Homme n'accepte plus son destin et, par sa seule volonté, il entend poursuivre son existence. De plus en plus, ce dessein transparaît en droit contemporain. En ce sens, on peut citer la création du mandat à effet posthume, qui permet au défunt de désigner un mandataire afin de gérer sa succession. Or, en matière de procréation *post mortem*, il s'agit, non pas de gérer des biens, mais de donner la vie et, *de facto,* la situation perturbe davantage. GPA et procréation par-delà la mort ne sont pas les seules avancées scientifiques qui bouleversent l'existence de l'espèce humaine : le clonage et l'eugénisme ne sont pas en reste.

---

103 CCNE, avis n°113, 10 fév. 2011, la demande d'assistance médicale à la procréation après le décès de l'homme faisant partie du couple.

104 Cf infra Première partie, Chapitre 2, Section 2, §1, p. 68.

105 BLANC (N.), « La procréation *post mortem* ouverte aux veuves ? », *in* MARAIS (A.) (dir.), *La procréation pour tous ?*, Dalloz-Sirey, Thèmes et commentaires, 2015, p. 44.

B. « Des crimes contre l'espèce humaine »[106]

111. De la science-fiction à la réalité. Au cours des dernières décennies, les progrès scientifiques ont connu une croissance exponentielle, suscitant autant l'admiration que l'effroi. Le clonage et l'eugénisme ne sont donc plus des chimères et il n'y a qu'un pas à franchir pour que la science-fiction devienne réalité. Se faisant, ce sujet enflamme les foules, car il touche à l'essence même de l'Homme : son caractère unique. Ainsi, le législateur a entendu éviter les dérives en prohibant le clonage (2) et en encadrant strictement le diagnostic préimplantatoire (1). En apparence, la loi du 6 août 2004 semble renforcer la protection de l'espèce humaine, mais en réalité, elle lève le voile sur l'impuissance du législateur à réfréner les avancées scientifiques.

1. L'eugénisme

112. L'eugénisme dans l'Histoire. Les racines des pratiques eugéniques sont anciennes, mais ce n'est qu'en 1883 qu'un scientifique, Francis Galton, a théorisé celles-ci et a inventé le terme *eugenics.* Hélas, après la théorie vint la pratique et c'est sous le régime nazi, durant la Seconde Guerre mondiale, qu'elle a été mise en œuvre. En effet, l'une des premières lois adoptées[107] prévoyait d'empêcher la transmission de maladie héréditaire, en imposant la stérilisation des handicapés mentaux.

113. Définition de l'eugénisme. L'eugénisme se définit comme « *toute pratique tendant à l'organisation de la sélection des personnes* »[108]. Autrement dit, une technique eugénique est « *susceptible d'influencer la transmission des caractères héréditaires afin*

---

[106] Code pénal, Partie législative, Livre II : Des crimes et délits contre les personnes, Titre Ier : Des crimes contre l'humanité et contre l'espèce humaine ; Sous-titre II : Des crimes contre l'espèce humaine.

[107] Loi allemande du 14 juillet 1933, Gesetz zur Verhütung erbranken Nachwuchses.

[108] C. pén., art. 214-1.

d'améliorer l'espèce humaine »[109]. Une pratique eugénique comprend donc deux cas de figure, soit un eugénisme négatif consistant à éliminer des caractères indésirables afin d'éviter leur transmission, soit un eugénisme positif consistant à promettre le caractère tant désiré.

114. La prohibition de l'eugénisme. L'article 16-4 alinéa 2 du Code civil interdit « *toute pratique eugénique tendant à l'organisation de la sélection* ». Ainsi, aux yeux du législateur, « *aucune transformation* », positive ou négative, « *ne peut être apportée aux caractères génétiques dans le but de modifier la descendance de la personne* »[110]. L'eugénisme se caractérise par son ampleur et sa volonté de perfectionner l'Homme, en favorisant ou en annihilant une lignée.

115. Des techniques ayant une portée eugénique tolérées. Paradoxalement, certaines techniques, qui sont susceptibles de s'inscrire dans une logique eugéniste, telles que le diagnostic prénatal et l'avortement, sont autorisées par le législateur.

En réalité, l'article 16-4 du Code civil différencie l'eugénisme collectif et l'eugénisme individuel. Alors que la sélection obligatoire et automatique est interdite, l'eugénisme au cas par cas, c'est-à-dire individuel, est autorisé. Cette permission pourrait se justifier d'une part, par le fait qu'un choix individuel ne peut s'apparenter à une organisation et, d'autre part, parce qu'un embryon n'est pas considéré comme une personne. Néanmoins, ces techniques, qui ont une réelle portée eugénique, sont entourées d'un « *luxe de*

---

109 HOTTOIS (G.) et MISSA (J.-N.), *Nouvelle encyclopédie de bioéthique*, De Boeck université, Bruxelles, 2001, p. 416.

110 GUINCHARD (S.) et DEBARD (T.), *Lexique des termes juridiques*, 20ème éd., Dalloz, Lexiques, 2013, p. 401.

précautions destinées à conjurer les risques d'un développement de l'eugénisme collectif »[111].

Or, il appert que certains procédés réglementés portent les prémices d'un eugénisme collectif, comme en témoignent les diagnostics prénatal et préimplantatoire. S'agissant du premier, il « *s'entend des pratiques médicales* (…) *ayant pour but de détecter in utero chez l'embryon ou le fœtus une affection d'une particulière gravité* »[112]. Il ne sera pas davantage développé afin de se focaliser sur le second, car le diagnostic préimplantatoire (DPI) matérialise plus encore les craintes d'un eugénisme individuel se muant en un eugénisme collectif.

116. Deux formes de DPI. Il existe deux formes de DPI dont la finalité est la même, une finalité thérapeutique, mais dont les destinataires diffèrent. Ainsi, un diagnostic préimplantatoire peut être réalisé dans l'intérêt d'un enfant à naître, mais il peut également être réalisé dans l'intérêt d'autrui, c'est-à-dire pour un enfant déjà né.

117. DPI dans l'intérêt de l'enfant. S'agissant du diagnostic préimplantatoire dans l'intérêt de l'enfant, selon l'article L. 2131-4 du Code de la santé publique, il s'agit « *d'un diagnostic biologique réalisé à partir de cellules prélevées sur l'embryon in vitro* ». Il ne peut être envisagé qu'« *à titre exceptionnel* ». En effet, afin d'éviter des dérives, le législateur a strictement encadré le recours à ce procédé.

Tout d'abord, cette technique ne peut être réalisée que s'il existe « *une forte probabilité de donner naissance à un enfant atteint d'une maladie génétique d'une particulière gravité reconnue comme incurable au moment du diagnostic* ». Autrement dit, on ne peut recourir à un DPI qu'en présence d'une maladie génétique d'une particulière gravité. Or, le rapport de la

---

111 MATHIEU (B.), *La bioéthique*, 1ère éd., Dalloz, Connaissance du droit, 2009, p. 72.

112 C. santé publ., art. L. 2131-1.

Convention d'Oviedo parle simplement d'une « *grave maladie* ».

Par ailleurs, le diagnostic ne peut être effectué « *que lorsqu'a été préalablement et précisément identifiée, chez l'un des parents ou l'un de ses ascendants immédiats dans le cas d'une maladie gravement invalidante, à révélation tardive et mettant prématurément en jeu le pronostic vital, l'anomalie ou les anomalies responsables d'une telle maladie* ». Le texte vise aussi bien les parents que les grands-parents. S'agissant de ces derniers, le législateur les a ajoutés en 2004, parce qu'il craignait qu'une maladie grave révélée tardivement chez l'un des ascendants soit transmise à l'enfant, telle que la maladie de Huntington, qui ne se manifeste qu'après quarante ans.

Enfin, le diagnostic préimplantatoire ne peut être réalisé qu'avec le consentement écrit des deux membres du couple et « *dans un établissement spécifiquement autorisé à cet effet par l'Agence de la biomédecine* ».

En définitive, le législateur autorise avec prudence la sélection des embryons en se basant sur des critères pathologiques.

118. DPI dans l'intérêt d'autrui. Le « bébé médicament » ou « bébé du double espoir »[113] consiste à sélectionner des embryons afin de rechercher celui ou ceux qui pourraient permettre d'améliorer la santé d'un premier-né souffrant d'une maladie incurable. Cette pratique pose une question d'ordre philosophique : l'enfant est-il une fin ou un moyen ? Ainsi, afin d'éviter les débordements d'émotions, le législateur a prévu des conditions rigoureuses, puisqu'il faut que le couple ait donné « *naissance à un enfant atteint d'une maladie génétique entraînant la mort dès les premières années de la vie et reconnue comme incurable au moment du diagnostic ; le pronostic vital de cet enfant peut être amélioré, de façon décisive, par*

---

[113] C. santé publ., art. L. 2131-4-1.

l'application sur celui-ci d'une thérapeutique ne portant pas atteinte à l'intégrité du corps » du nouveau-né. Dans l'hypothèse du « bébé du double espoir », la sélection opérée est positive. Les embryons sont sélectionnés en fonction de leur compatibilité (HLA compatibilité), afin de soigner un enfant déjà atteint d'une maladie génétiquement grave. Deux remarques peuvent être faites au sujet de la technique du « bébé médicament »[114].

D'une part, le critère d'une maladie reconnue comme incurable est délicat, car affection incurable et affection mortelle ne sont pas synonymes. Pour illustrer ce propos, deux maladies seront étudiées. La maladie de Krabbe est une maladie héréditaire qui affecte le système nerveux. Très souvent, les symptômes apparaissent dès les premiers mois de la vie et entraînent généralement la mort avant l'âge de deux ans. Incurable et mortelle, cette maladie rentre pleinement dans le cadre du DPI dans l'intérêt d'autrui. En revanche, l'anémie de Fanconi[115] est certes incurable et potentiellement mortelle, mais elle n'entraîne pas la mort dès les premières années de la vie. Conduisant à une défaillance sévère de la moelle osseuse, cette maladie rend le patient faible et sujet à des malformations congénitales, des risques de leucémie ou autres cancers. Bien que la maladie soit mortelle, en moyenne un patient vit jusque trente ans, elle n'entraîne pas la mort dès les premières années de la vie. Toutes deux sont incurables, mais une seule est mortelle pour le nourrisson, or seulement celle-ci est visée par le texte. Ce dernier ne fait aucune liste, mais ne peut-on pas imaginer qu'un jour, influencée par son sentimentalisme, la lettre ne changera pas ?

---

114 Grâce à cette technique, Umut-Talha, premier « bébé médicament » né en France le 26 janvier 2011 à l'hôpital Antoine Béclère à Clamart, a pu guérir sa grande sœur qui souffrait de la bêta-thalassémie.

115 Si Adam peut se targuer d'être le premier homme selon la Bible, Adam Nash, quant à lui, est le premier « bébé médicament » (États-Unis). Sa grande sœur, Molly, atteinte de l'anémie de Fanconi, a bénéficié grâce à la naissance d'Adam, d'une greffe de cordon ombilical.

Ne pourrait-on pas redouter une extension qui tendrait à éliminer des maladies gravissimes, incurables, mais qui n'entraîneraient pas nécessairement la mort dès les premières années de la vie, telle l'anémie de Fanconi ?

D'autre part, la pratique du « bébé du médicament » est embarrassante, car elle n'a pas pour finalité première de faire naître un nouvel enfant pour lui-même, mais de faire naître un nouvel enfant pour sauvegarder un autre. Hélas, elle déplace les frontières, menant peu à peu vers des contrées pourtant récusées : la sélection et l'instrumentalisation de l'Homme. Alors qu'on lutte contre l'instrumentalisation et la sélection humaine, le « bébé-médicament » fait voler en éclat « ces beaux idéaux ». Ce fameux bébé est à la fois sélectionné et utilisé pour sauver son grand frère ou sa grande sœur… Guidé par ses émotions, l'Homme admet un peu plus chaque jour ce qui était inacceptable hier.

119. De l'enfant sélectionné à l'enfant cloné. Mais l'eugénisme n'est pas la seule pratique à craindre. Un clonage reproductif humain, tapi dans l'ombre, n'attend que les larmes des familles pour se développer.

2. Le clonage reproductif humain

120. Définition. Le clonage consiste à dupliquer un être vivant ou un organisme. Généralement, on différencie le clonage thérapeutique du clonage reproductif. Tous deux interdits et sanctionnés, le clonage thérapeutique[116] consiste à fabriquer un clone afin de l'utiliser pour soigner « l'original », alors que le clonage reproductif se définit, quant à lui, comme « *la production asexuée, à partir d'une cellule ou d'un organisme, d'entités biologiques génétiquement identiques à cette cellule ou à cet organisme* »[117]. Dans le cadre de cette étude, seulement le

116 C. santé publ., art. L. 2151-4 ; art. L. 2163-5 ; C. pén., art. 511-18-1.

117 C. HURIET et A. CLAEYS rapport de l'OPECST du 24 février 2000 sur le clonage la thérapie cellulaire et l'utilisation thérapeutique de cellules embryonnaires, p. 13.

clonage reproductif humain sera envisagé, car il « *remet en cause le brassage des gènes qui est le fondement de la spécificité de chaque être humain et qui constitue une protection majeure de celui-ci contre une éventuelle volonté parentale ou sociale de le prédéterminer* »[118].

121. Deux formes de clonage reproductif humain. La pratique du clonage reproductif humain se subdivise elle-même en deux techniques. Afin de créer un clone, on peut recourir, soit au clonage par transfert cellulaire[119], soit au clonage par scission d'embryon. La première méthode, le clonage par transfert d'embryon cellulaire, consiste à « *placer le noyau d'une cellule adulte dans un ovule dont le noyau aura été préalablement enlevé* »[120]. L'énucléation de l'ovule paralyse sa participation dans le patrimoine génétique de l'embryon. Ce dernier, qui ne résulte pas d'un brassage des gènes mais qui est déterminé par le seul patrimoine génétique de la personne clonée, est ensuite implanté dans l'utérus d'une femme[121]. La seconde méthode, le clonage par scission d'embryon, consiste en une division précoce de l'embryon. Celle-ci est soit naturelle, comme c'est le cas chez les jumeaux, soit artificielle, c'est-à-dire *in vitro*. Cette scission n'est possible qu'au stade blastocyste, étape où l'embryon commence à se différencier[122].

122. Une réaction politique unanime. En 1952, le premier clonage par transfert de noyau est réalisé chez la grenouille Rana pipiens. Puis, en 1996, le succès s'est étendu au premier mammifère : c'est la naissance de la brebis Dol-

---

118 DORSNER-DOLIVERT (A), « De l'interdiction du clonage à la réification de l'être humain Loi n°2004-800 du 6 août 2004 », *JCP G*, 2004, n°44, doctr. 172.

119 C'est d'ailleurs ainsi qu'est née la brebis Dolly le 5 juillet 1996.

120 FRYDMAN (R.), « Le clonage reproductif et thérapeutique », *RTDH,* 2003, n°54, p. 421.

121 Annexe n°3, p. 219.

122 Annexe n°4, p. 220.

ly[123]. Durant sa vie, la brebis Dolly a mis au monde deux portées et les agneaux ont tous été qualifiés de normaux. Si cette pratique scientifique était étendue à l'Homme, elle ouvrirait la boîte de Pandore… Nul doute que ce procédé entraînerait des perspectives effrayantes pour l'espèce humaine et, *de facto*, « *la réaction politique ne se fit pas attendre* »[124].

Sur le plan international, dans un premier temps, l'interdiction s'est largement propagée. Tout d'abord, le 14 mai 1997, l'Organisation mondiale de la santé (OMS) a prohibé le clonage reproductif. En novembre de la même année, l'UNESCO a adopté la Déclaration universelle sur le génome humain et les droits de l'Homme, dont l'article 2 interdit le clonage à des fins de reproduction d'un être humain. Par la suite, le Conseil de l'Europe a adopté, le 12 janvier 1998, un protocole additionnel, portant sur la même interdiction. Enfin, le droit communautaire n'est pas resté inactif, car d'une part, il a énoncé cet interdit à l'article 3 de la Charte des droits fondamentaux de l'Union européenne et, d'autre part, il a exclu la brevetabilité de tous les procédés de clonage des êtres humains[125]. Enfin, certains États, tels que le Royaume-Uni ou l'Allemagne, ont choisi une interdiction législative explicite, ne laissant aucune place au doute ou à une quelconque possibilité de l'admettre.

En France, avant la loi du 6 août 2004, aucune disposition ne prohibait expressément le clonage reproductif humain. En dépit de l'absence de texte explicite, on pouvait s'appuyer sur deux éléments pour condamner le clonage reproductif. Cette interdiction pouvait se fonder sur le principe de la dignité de la personne humaine, mais elle pouvait

123 En 2003, elle a été euthanasiée pour des raisons de santé, notamment un cancer pulmonaire et de l'arthrite.

124 RAOUL-CORMEIL (G.), « Clonage reproductif et filiation : La chaîne des interdits », *JCP G*, 2008, n°13, p. 13.

125 Directive n°98/44/CE 6 juillet 1998 relative à la protection juridique des inventions biotechnologiques.

également se déduire de l'article 16-4 du Code civil, car cette technique portait atteinte à l'intégrité de l'espèce humaine, et s'analysait comme une transformation des gènes afin de modifier la descendance d'un individu[126]. Malgré ces indices, une interdiction dans le marbre était la bienvenue. Ainsi, à l'occasion de la révision de la loi de bioéthique de 2004, la prohibition a été clairement posée à l'alinéa 3 de l'article 16-4 du Code civil, qui dispose que « *toute intervention ayant pour but de faire naître un enfant génétiquement identique à une autre personne vivante ou décédée* » est interdite. « *Crimes contre l'espèce humaine* »[127], cette pratique est réprimée à l'article 214-2 du Code pénal. Néanmoins ces dispositions laissent un sentiment d'insatisfaction pour deux raisons.

123. Sur le plan juridique. Premièrement, elles révèlent une faille sur le plan juridique. Le terme « intervention » est très vague puisqu'il peut faire référence à deux définitions : soit il convient d'entendre l'intervention au sens d'une opération chirurgicale, auquel cas seuls les professionnels de santé sont visés par les textes, soit son champ d'application est plus large et l'action s'étendrait aux non-professionnels de santé. *Nullum crimen, nulla poena sine lege* ; « [*Il n'y a*] *aucun crime, aucune peine sans loi.* » En l'espèce, le terme évasif d'« intervention » se heurte au principe de légalité des délits et des peines qui impose qu'on ne peut être condamné qu'en vertu d'un texte clair et précis. Par ailleurs, l'infraction, pour être effective, n'exige pas la naissance d'un enfant. Or, ni son apologie, ni sa promotion, ni sa publicité ne sont visées par les dispositions pénales. Enfin, législateur a oublié le droit de la filiation qui renforcerait la répression de ces textes. Ce qui est d'autant plus surprenant que le CCNE avait remarqué

---

126 C'est d'ailleurs ce qu'a fait le Conseil d'État (Rapport CE, 1998, Considérations générales sur le droit de la santé : EDCE, n°49) et le CCNE (CCNE, avis n°54, 22 avr. 1997, Réponse au président de la République au sujet du clonage reproductif).

127 Intitulé du sous-titre II du Code pénal.

que « *le clonage reproductif inaugurait un mode de filiation très hautement problématique [et] vide[rait même de son] sens l'idée de filiation* »[128].

124. Sur le plan scientifique. Deuxièmement, ces dispositions révèlent une faille sur le plan scientifique. Des travaux récents font état de l'importance du cytoplasme pour qu'un embryon se développe. Certains scientifiques avouent que la *« cellule réceptrice, l'ovule, par le génome mitochondrial contenu dans le cytoplasme, influence d'une certaine façon l'expression des gènes contenus dans le noyau* », même si « *le rôle de facteurs cytoplasmiques est encore inconnu* »[129]. L'ovule aurait donc une influence minime dans le développement de l'embryon cloné. Mais cette influence suffit à ce que le clone ne soit pas la copie conforme de celui qui a fourni son patrimoine génétique, « l'original ». Eu égard aux dispositions légales, on peut se demander si une infime différence génétique ferait échapper à l'infraction. Lorsque le législateur résume le clonage reproductif à une reproduction génétique à l'identique, d'une part, il se heurte au principe de légalité des délits et des peines, et d'autre part, il met de côté le clonage par transfert cellulaire. Or, cette pratique est tout aussi condamnable car, même si l'identité génétique du clone n'est pas la copie conforme de « l'original », il n'empêche qu'on permet sa détermination par un individu extérieur, conduisant à une instrumentalisation.

125. Les fondements de la prohibition. Tous les textes, internes et internationaux, s'unissent pour condamner le clonage reproductif humain. Or, on peut légitimement s'interroger sur les fondements de cet interdit. Est-ce qu'on cherche à protéger l'enfant à naître par clonage, tant que ce procédé n'est pas fiable ou est-ce qu'en réalité on souhaite

---

128 CCNE, avis n°54, 22 avr. 1997, Réponse au président de la République au sujet du clonage reproductif.

129 FRYDMAN (R.), « Le clonage reproductif et thérapeutique », *RTDH*, 2003, n°54, p. 421.

protéger l'identité génétique de l'individu qui sera cloné ? Cet interdit se heurte-t-il à la dignité de la personne humaine ou est-il fondé sur l'intégrité de l'espèce humaine qu'une reproduction asexuée dénaturerait[130] ? Les fondements pour l'interdire sont légion, mais il convient de les tempérer car, à l'heure actuelle, l'efficacité de la prohibition repose essentiellement sur l'impossibilité scientifique[131].

126. Vers la naissance d'enfants prédéterminés ? Nul doute que les laboratoires de recherche succomberont à la tentation tant elle est grande. En effet, malgré les dispositions en droit civil et « *l'arsenal de sanctions pénales*[132], *il est probable que le législateur ne pourra empêcher la naissance d'enfants clonés* »[133] ou stéréotypés. La curiosité scientifique, le lobbying et les familles éplorées viendront peut-être un jour à bout de cette opposition.

127. Un papa, une maman. Le législateur actuel est demeuré attaché à la conception : d'un papa et d'une maman, pas un de plus, pas un de moins ; l'enfant doit être doté d'un père et d'une mère. En effet, l'assistance médicale à la procréation est strictement encadrée à la fois dans les techniques utilisées et dans les conditions d'accès. Elle poursuit une finalité thérapeutique[134] , par conséquent, les obligations requises découlent de cette finalité. Aujourd'hui, le législa-

---

130 LAUDE (A.), MATHIEU (B.) et TABUTEAU (D.), *Droit de la santé*, 3ème éd., PUF, Thémis, Droit, 2012, p. 603.

131 En matière de clonage animal, il existe des réussites, mais il convient de les tempérer car la pratique « tâtonne » encore. En ce qui concerne le clonage humain, les recherches ne sont pas très avancées. Après deux rumeurs mensongères sur le succès d'un clonage reproductif humain, la communauté scientifique demeure vigilante.

132 C. pén., art. 215-1 à 215-3 ; art. 511-1.

133 DORSNER-DOLIVERT (A.), « De l'interdiction du clonage à la réification de l'être humain Loi n°2004-800 du 6 août 2004 », *JCP G*, 2004, n°44, doctr. 172.

134 C. santé publ., art. L. 2141-2.

teur garantit *« une filiation cohérente au regard des exigences de la biologie pour la procréation »*[135]. Or, qu'en est-il du juge d'aujourd'hui ? et du législateur de demain ?

---

135 MIRKOVIC (A.), *PMA, GPA : Quel respect pour les droits de l'enfant ?*, TÉQUI, 2016, p. 59.

Chapitre 2. Une application nuancée par la jurisprudence

128. Les prémices d'une PMA sociétale. Balzac disait « *un juge n'est pas Dieu, son devoir est d'adapter les faits aux principes, de juger des espèces variées à l'infini, en se servant d'une mesure déterminée* »[136]. Son rôle est d'appliquer la règle de droit. Toutefois, en matière d'assistance médicale à la procréation, le juge a, à plusieurs reprises, « tordu » les règles pour faire évoluer le droit.

Les dispositions législatives sont sans appel : elles subordonnent l'accès à l'assistance médicale à une finalité thérapeutique et de celle-ci découlent des exigences tenant au couple demandeur. Or, influencé par les demandes sociétales, le juge a laissé se distiller les prémices d'une PMA de pure convenance.

Au fil des solutions jurisprudentielles, il semblerait que le juge soit, de plus en plus, en faveur d'une PMA pour tous (Section 1). Mais il est à craindre que certaines solutions entraînent des dérives (Section 2). Ainsi, le juge prend des initiatives en assouplissant l'esprit de la lettre, mais il ne doit pas oublier que seul le législateur édicte la lettre.

Section 1. L'émergence d'une assistance médicale à la procréation pour tous

129. IAD et GPA implicitement autorisées. En droit français, certaines pratiques sont prohibées, notamment le recours à l'insémination artificielle avec donneur anonyme (IAD) par les couples de femmes (§ 1) et la gestation pour autrui (§ 2). La jurisprudence respecte ces interdits législatifs,

---

136 DE BALZAC (H.), L'interdiction, Arvensa Édition, Format Kindle, 2014, emplacement 235.

néanmoins elle les fragilise en leur permettant de produire des effets en France.

§ 1. La condition affaiblie d'altérité sexuelle

130. Initiative jurisprudentielle. Actuellement, l'insémination artificielle avec donneur de gamètes n'est pas ouverte aux couples de femmes. Or, lorsque la Cour de cassation a affirmé, dans ses avis du 22 septembre 2014, que recourir à une IAD à l'étranger ne fait pas obstacle à ce que l'épouse de la mère puisse, *a posteriori*, adopter l'enfant conçu, elle a fragilisé l'interdit et relancé un débat controversé (A). Ce dernier s'est déplacé, passant du mariage pour tous à une PMA pour tous. Mais « *qui de la jurisprudence ou du législateur, pourrait être à l'origine de cette ouverture ?* »[137] (B).

A. Une reconnaissance prétorienne : la faculté d'adoption de l'enfant par l'épouse de la mère

131. Contexte des avis. D'ordinaire, la Cour de cassation évite de se positionner sur des questions de société aussi discutées[138]. Cependant, dans les avis du 22 septembre 2014, on décèle la volonté du juge d'entreprendre une réforme qui n'appartient qu'au législateur. Pour saisir ce dessein, il faut se référer au contexte dans lequel ces avis ont été rendus.

La loi du 17 mai 2013[139] a ouvert le mariage aux couples de même de sexe. Par extension, elle a permis aux homo-

---

137 GALLMEISTER (I.), « Ouverture de l'assistance médicale à la procréation aux couples de femmes : la boîte de Pandore ? », *in* A. Marais (dir.), *La procréation pour tous ?*, Dalloz-Sirey, Thèmes et commentaires, 2015, p. 31.

138 Par exemple, elle a refusé d'admettre la validité du mariage pour un couple de même sexe. Civ. 1ère, 13 mars 2007, n°05-16.627, *D.* 2007. 1389, rapp. PLUYETTE, note AGOSTINI ; *AJ* 935, obs. GALLMEISTER ; Point de vue 1375, par FULCHIRON. Pan. 1561, obs. LEMOULAND et VIGNEAU ; *JCP* 2007. I. 170, n°1, osb. FAVOER ; *Défrenois* 2007. 781, obs. MASSIP ; *AJ famille.* 2007. 277, obs. CHÉNÉDÉ ; *RTD civ.* 2007. 287, obs. MARGUÉNAUD, et 315, obs. HAUSER ; 2008. 438, obs. DEUMIER.

139 Loi n° 2013-404 du 17 mai 2013 ouvrant le mariage aux couples de personnes de même sexe, JORF n° 0114 du 18 mai 2013, texte n°3, p. 8253.

sexuels d'adopter un enfant extérieur au couple ou l'enfant de son conjoint. La loi demeurant inchangée au sujet de l'IAD, les couples de femmes vont tenter de détourner le mécanisme de l'adoption. Après s'être rendue à l'étranger où cette technique est autorisée, l'épouse de la mère demande à adopter l'enfant illégalement conçu et, *de facto*, la pratique prohibée produit des effets juridiques en France. En 2013, le Conseil constitutionnel avait estimé qu'il revenait au juge « *d'empêcher, de priver d'effet et, le cas échéant, de réprimer de telles pratiques* ». Ainsi, une partie des tribunaux a répondu que ces demandes aux fins d'adoption constituaient « *une fraude interdisant l'adoption de l'enfant illégalement conçu* »[140]. Dès lors, la mère d'intention ne pouvait recourir qu'au mécanisme de la délégation-partage.

132. La solution de la Cour de cassation. Face au silence du législateur, la Cour de cassation, par deux avis du 22 septembre 2014[141], a mis fin à la controverse que suscitait cette loi. La Haute juridiction a ainsi estimé que la femme mariée peut adopter l'enfant de son épouse « *quelles que soient les circonstances entourant la procréation de l'enfant* ». Elle a ajouté que le recours à une « *insémination artificielle avec donneur anonyme à l'étranger ne fait pas obstacle au prononcé de l'adoption, par l'épouse de la mère, de l'enfant né de cette procréation, dès lors que les conditions légales de l'adoption sont réunies et qu'elle est conforme à l'intérêt de l'enfant* ». En d'autres termes, la Cour considère que nulle fraude ne se glisse dans la combinaison d'une IAD à l'étranger et d'une demande d'adoption. Ces avis mettent en évidence deux difficultés.

133. Deux difficultés. D'une part, les couples d'hommes ne pourront jouir d'une telle opportunité et ils

---

140 TGI Versailles, 29 avr. 2014, n°13100168, *D.* 2014, Actu. 1041, et Pan. 1787, obs. GOUTTENOIRE (A.) ; *AJ famille.* 2014. 267, obs. DIONISI-PEYRUSSE (A.).

141 Avis n°G1470006 et avis n°J1470007 du 22 septembre 2014, demande n°1470006.

n'auront d'autre choix que de recourir à une mère porteuse, ce qui est prohibé. D'autre part, eu égard aux progrès scientifiques, ce raisonnement est en passe d'être obsolète. La technique du *Reception de Ovulos de la Pareja* en Espagne et celle du don direct en Belgique permettent déjà à un « *couple de femmes d'inséminer l'une d'elles avec un embryon de la fécondation de l'ovocyte de sa compagne* »[142]. Le législateur a donc tout intérêt à se soucier rapidement de ce débat tumultueux, parce que ces affaires risquent de s'accroître, voire de se compliquer avec la pratique du mélange des ADN.

Implicitement, la solution de la Cour de cassation a le mérite de permettre aux enfants issus d'un don de gamètes à l'étranger d'accéder à leurs origines. Alors qu'en France, le secret d'ordre public prive l'enfant de son histoire, l'IAD réalisée au Royaume-Uni permet à l'enfant de connaître l'identité de son géniteur, puisque l'État considère cet accès comme un droit.

134. Opinion dissidente. Alors que différentes Cours d'appel, notamment celles de Toulouse et Versailles, se sont conformées à ces avis, le Tribunal de grande instance de Cahors a fait preuve de réticence, en retenant que l'adoption était l'aboutissement d'un processus frauduleux. Or, en l'espèce, l'enfant était né avant le vote de la loi du 17 mai 2013. Autrement dit, en recourant à une IAD à l'étranger, la mère et la compagne ne pouvaient planifier une adoption que la loi leur refusait. Mais la Cour d'appel d'Agen a infirmé cet unique acte de résistance.

135. L'impact de ces avis sur la loi. La condition légale d'altérité sexuelle demeurera-t-elle pérenne puisqu'elle se voit « court-circuitée » par l'adoption de l'enfant du conjoint de même sexe ? À la lecture des avis de la Cour de cassation,

---

142 CHAIGNEAU (A.), « Pour un droit du lien : le débat sur la gestation pour autrui comme catalyseur d'un droit de la filiation renouvelée », *RTD Civ.*, 2016, n°02, p. 263.

il apparaît interdit de prendre en compte les circonstances de la procréation, à savoir une insémination artificielle avec donneur de gamètes, pour prononcer l'adoption. Il semblerait donc que la Cour soit indifférente à ce qu'un couple homosexuel recours à une IAD. Si le recours à cette pratique est indifférent, *a fortiori*, le lieu où elle est réalisée en va de même. Dès lors, quel intérêt y aurait-il à maintenir cette interdiction en droit français ?

B. Une interprétation prétorienne illégitime

136. L'initiative du législateur. Il appert des avis précités que le recours à une assistance médicale à la procréation par un couple de femmes, en France ou à l'étranger, est indifférent. Cependant, la suppression de cette condition d'altérité sexuelle ne peut résulter que du législateur.

137. Droit positif. Pour justifier l'exigence d'altérité sexuelle, le législateur s'appuie sur deux raisons. D'une part, la PMA repose sur une finalité thérapeutique. En autorisant la PMA aux couples de femmes, les causes d'infertilité ne seraient plus seulement pathologiques et on basculerait vers une « PMA sociétale ». D'autre part, le législateur est attaché à un modèle parental traditionnel. La PMA tente de mimer la procréation charnelle, en gommant le recours à une IAD.

138. Critiques. Le législateur devrait-il maintenir l'interdit ? Plusieurs arguments témoignent du contraire. Tout d'abord, certains proposeront de sanctionner le recours à une IAD à l'étranger. Or la répression d'un tel tourisme procréatif s'avère difficile, voire impossible, puisqu'en pratique, une femme, pendant ses vacances, peut y recourir sans que cela se sache. Par ailleurs, les professionnels de santé n'accompagnent pas leurs patientes tout au long du chemin, n'assurant pas une pleine protection à ces futures mères. Enfin, le refus d'ouvrir la PMA aux femmes, en couple ou seule, les pousse à se rendre à l'étranger. Or, cet exode crée une « *sélection par l'argent* »[143]. Si les femmes ont les moyens, elles se rendent dans des États où la prise en charge respectera les exigences sanitaires. En revanche, en l'absence de moyens financiers suffisants, elles se rendent malheureusement dans des États où les établissements de santé peuvent user de pratiques aberrantes[144].

139. L'altérité sexuelle : une condition insurmontable ? La disparition de l'exigence d'altérité sexuelle serait-elle donc inévitable ? En premier lieu, il semble incohérent de maintenir ce refus d'accès aux couples de femmes, « *tout en leur permettant d'établir une double filiation maternelle dès lors que l'IAD a été réalisée dans un pays où celle-ci est autorisée* ». En second lieu, plusieurs voix se sont élevées en ce sens, notamment celle du Sénat, du CCNE ou encore du précédent gouvernement. Ce dernier s'y est, en effet, montré favorable, puisque, le 8 juillet 2016, l'ancienne ministre des Affaires sociales et de la Santé, Marisol Touraine, a abrogé la circulaire du 14 janvier 2013, qui sanctionnait le professionnel de santé qui conseillait ou orientait ses patientes vers d'autres États afin de satisfaire un désir d'enfant.

140. Droit prospectif. En vérité, rien n'empêcherait le législateur d'ouvrir l'assistance médicale à la procréation aux couples de femmes. Il devra néanmoins renoncer à deux points. D'une part, il devra abandonner la finalité exclusivement médicale de l'assistance médicale et, d'autre part, il devra rompre avec « *le modèle classique de la filiation bilinéaire fondé sur l'altérité sexuelle* »[145] pour établir la filiation d'un enfant né d'une IAD, requise par un couple de femmes. Mais

---

143 FRYDMAN (R.), *Le droit de choisir - Manifeste des médecins et biologistes de la procréation médicale assistée*, Seuil, 2017, p. 26.

144 Le Professeur Frydman évoque le cumul d'insémination de sperme et de transfert d'embryon dans l'utérus de la patiente (Ukraine).

145 GALLMEISTER (I.), « Ouverture de l'assistance médicale à la procréation aux couples de femmes : la boîte de Pandore ? », *in* MARAIS (A.) (dir.), *La procréation pour tous ?*, Dalloz-Sirey, Thèmes et commentaires, 2015, p. 35.

depuis la loi du 17 mai 2013, le législateur s'était déjà éloigné de cette conception traditionnelle. En effet, grâce à l'ouverture de l'adoption aux couples homosexuels, la filiation bilinéaire n'est plus le modèle unique. Pourquoi alors ne pas étendre le mécanisme de l'adoption de l'enfant né à celui à naître ? En ouvrant l'accès à la PMA aux couples de femmes, le législateur ne ferait que poursuivre une réforme déjà amorcée depuis cette loi de mai 2013.

À l'instar de la gestation pour autrui, la solution de la Cour de cassation a fragilisé la loi. Désormais, il revient au législateur de se prononcer sur ce sujet délicat.

§ 2. L'interdiction affaiblie du recours à une mère porteuse

141. Arrêts du 5 juillet 2017. Par quatre arrêts rendus le 5 juillet 2017[146], la Cour de cassation a largement permis à une convention de mère porteuse, réalisée à l'étranger, de produire des effets juridiques en France. À cause de ces solutions, le juge a réduit la portée de l'interdiction d'ordre public et c'est désormais au législateur de tirer les conséquences de cette « *évolution jurisprudentielle préoccupante* »[147].

142. GPA et transcription. En l'espèce, les trois premières affaires (ukrainienne, américaine et indienne) sont assez similaires, car les enfants, déclarés à l'état civil étranger, sont présentés comme ayant pour parents un couple français composé d'un homme et d'une femme. Dans ces trois affaires, la Cour de cassation a énoncé que la transcription de l'acte de naissance étranger n'est possible qu'à la condition où la naissance et la filiation, d'une part, correspondent à la réalité biologique et, d'autre part, ne se fondent pas sur des

146 Cass., 1ère civ., 5 juill. 2017, n°15-28.597 : JurisData n°2017-013091 ; n°16-16.901 et 16-50.025 : JurisData n°2017-013093 ; n°16-16.455 : JurisData n°2017-013095 ; n°16-16.495 : JurisData n°2017-013096.

147 BINET (J.-R.), « Gestation pour autrui : le droit français à la croisée des chemins », *Droit de la famille*, 2017, n°09, étude 13.

documents falsifiés. Autrement dit, la transcription peut être refusée si l'acte étranger est frauduleux ou s'il n'est pas conforme à la réalité biologique. C'est généralement ce dernier point qui justifie que la mère d'intention ne puisse être désignée dans l'acte de naissance, car la mère biologique, en droit français, est celle qui accouche.

143. GPA et adoption. La quatrième affaire, quant à elle, pose une question différente : l'enfant né, en Californie suite à une GPA, est reconnu par la mère porteuse et un premier homme. Le second homme a formulé une demande d'adoption simple, que la Cour d'appel de Dijon a rejetée au motif que la naissance de l'enfant résultait de la violation de l'article 16-7 du Code civil. La Cour de cassation a cassé cet arrêt, en affirmant, en premier lieu, que *« le recours à la [GPA] à l'étranger ne fait pas, en lui-même, obstacle au prononcé de l'adoption, par l'époux du père, de l'enfant né de cette procréation, si les conditions légales de l'adoption sont réunies et si elle est conforme à l'intérêt de l'enfant »*. En second lieu, elle a constaté le consentement et l'absence de rétractation de la mère biologique à l'adoption.

144. Présentation. Depuis quelques années, malgré la nullité d'ordre public prévue par le législateur, la gestation pour autrui peut produire des effets juridiques en France (A). Ces failles n'ont cessé de grandir et de fragiliser le dispositif légal. Cette énième solution jurisprudentielle sonne le glas de la logique du juge de 1991, plaçant le législateur face à un choix cornélien (B).

A. La nullité d'ordre public fragilisée par des effets juridiques

145. De charybde en scylla, du contentieux de la transcription à celui de l'adoption. En 1994, le législateur a interdit la GPA qui porte atteinte aux principes de l'indisponibilité du corps humain et à l'état des personnes. À ses côtés, afin que l'interdit soit effectif, le juge avait élaboré deux sanctions : le refus de transcription de l'acte de naissance étranger et l'impossibilité d'adopter l'enfant conçu en fraude à la loi française. Cependant, une à une, ces sanctions ont été abandonnées, fragilisant la règle de droit. L'interdit s'est vu affaibli dans un premier temps, par des forces extérieures. La condamnation de la Cour européenne des droits de l'Homme a en effet contraint le juge français à abandonner la réprimande qui portait sur le refus de transcription (1). Puis, dans un second temps, le coup de grâce a été porté par des forces internes, notamment par la Cour de cassation dans les arrêts du 5 juillet 2017. Ces derniers ont une portée double, ils consolident la première brèche portant sur le contentieux de la transcription, mais ils en ouvrent une nouvelle en abandonnant la sanction de l'impossibilité d'adopter (2).

1. L'abandon du refus de transcription de l'acte de naissance étranger

146. Des effets précisés. Ces dernières années, on constate qu'en dépit de l'article 16-7 du Code civil, qui prévoit la nullité de toute convention portant sur la procréation ou sur la gestation, ces contrats produisent quand même des effets juridiques dans l'Hexagone.

147. « Circulaire Taubira ». Les prémices de cette incidence sont nées à la suite de la circulaire du 25 janvier 2013, dite « circulaire Taubira », qui enjoignait les procureurs de la République et les greffiers « *à faire droit aux demandes de délivrance de certificat de nationalité française présentées pour des enfants nés à l'étranger* »[148] suite à une convention de mère porteuse[149]. Certes, les effets de la circulaire demeuraient faibles et sans conséquence sur la filiation, mais elle fragilisait insidieusement la genèse de la prohibition.

---

148 BINET (J.-R.), « Gestation pour autrui : le droit français à la croisée des chemins », *Droit de la famille*, 2017, n°09, étude 13.

149 Il convient d'ajouter que le Conseil d'État a rejeté le recours pour excès de pouvoir qui avait été introduit contre la circulaire. CE, 12 déc. 2014, n°367324 : JurisData n°2014-030462.

148. Contentieux de la transcription de l'acte de naissance étranger. La deuxième faille est survenue suite à la condamnation de la France par la Cour européenne des droits de l'Homme.

Pour la première fois en 2008, la Cour de cassation a refusé la transcription d'un acte de naissance étranger, en soutenant que la nullité d'ordre public interdisait de fait que la GPA produise le moindre effet. Par la suite, dans trois décisions du 6 avril 2011, elle a confirmé sa position. Toutefois, cette fermeté s'est brisée sur les rochers de la jurisprudence européenne. En effet, la Cour européenne des droits de l'homme a condamné la France dans les affaires *Mennesson* et *Labassé*[150], estimant que le refus de transcription portait atteinte au respect de la vie privée et familiale des enfants, notamment à leurs droits successoraux. Enjointe par la Cour européenne, le 3 juillet 2015[151], l'Assemblée plénière a admis que le recours d'une GPA à l'étranger ne faisait pas obstacle à la transcription de l'acte de naissance à l'état civil français. Cette condamnation a donc fragilisé l'alliance entre la loi et la jurisprudence pour lutter contre la GPA, puisque le refus de transcription, voulu comme une sanction à la fraude, a disparu suite à cette solution européenne.

Néanmoins, ces transcriptions ne sont pas automatiques. En effet, deux situations excluent la transcription : en cas de fraude et en cas de désignation qui ne refléterait pas la réalité biologique. Concernant cette seconde exigence, la Haute juridiction a retenu dès 2015 que l'acte étranger doit men-

---

150 CEDH, 26 juin 2014, *Mennesson c. France*, req. n°65192/11, *Labassé c. France*, req. n°65941/11, *D.* 2014. 1797, note CHÉNÉDÉ (F.), 1773, chron. FULCHIRON (H.) et BIDAUD-GARON (C.), 1787, obs. BONFILS (P.) et GOUTTENOIRE (A.) ; 1806, note D'AVOUT (L.) ; 2015, 702, obs. GRANET-LAMBRECHTS (F.) ; 755, obs. GALLOUX (J.-C.) ; 1007, obs. DIONISI-PEYRUSSE (A.), 1056, obs. GAUDEMET-TALLON (H.) ; *AJ famille.* 835, obs. MARGUÉNAUD (J.-P.) ; *Dr fam.* 2014, comm. 128, note NEIRINCK (C.).

151 Cass., ass. plén., 3 juill. 2015, n°15-50.002 et 14-21.323 : JurisData n°2015-015881.

tionner l'homme, désigné comme le père, et la mère porteuse. La mère d'intention ne peut y figurer, car la mère biologique est celle qui accouche.

149. Loi de modernisation de la justice du XXIème siècle. Enfin, la création de la Cour de réexamen, par la loi du 16 novembre 2016 de modernisation de la justice du XXIème siècle[152], va nourrir inévitablement le contentieux des mères porteuses. Ce choix législatif a pour conséquence d'inscrire, avec plus de force, la jurisprudence européenne dans la hiérarchie des normes, « *dont l'influence se fait ressentir de plus en plus fortement sur les procédures internes* »[153]. En effet, le premier réexamen ordonné par la Cour, le 16 février 2018, en témoigne, car il porte justement sur les affaires *Mennesson* et *Bouvet.*

Suite aux condamnations européennes précitées, l'Assemblée plénière a autorisé la transcription des actes de naissance étrangers, mais seuls les enfants à venir bénéficiaient de ce revirement favorable. En effet, s'agissant des enfants nés avant le revirement, « *en l'absence d'une procédure formelle de réexamen* (...), *la transcription des actes de naissance étrangers demeurait impossible* »[154], car leur situation était figée par l'autorité de chose jugée. Désormais, la procédure introduite par la loi du 18 novembre 2016 permet de transcrire ces actes revêtus de l'autorité de chose jugée sous réserve de certaines conditions.

Il convient de remarquer qu'un tel réexamen n'est pas automatique. La Cour vérifie des conditions d'ordre temporel et matériel. S'agissant des exigences temporelles, la demande

---

152 Loi n°2016-1547 du 18 novembre 2016 de modernisation de la justice du XXIème siècle, JORF n°0269 du 19 novembre 2016, texte n°1.

153 LE MAIGAT (P.), « Enfants nés par GPA et filiation », *Gaz. Pal.*, 2018, n°10, p. 25.

154 GUILLAUMÉ (J.), « La Cour de réexamen des décisions civiles rend ses premières décisions en matière de gestation pour autrui », *D.*, 2018, n°15, p. 825.

de réexamen doit être formée dans un délai d'un an à compter de l'arrêt de la Cour européenne. Pour les décisions rendues avant cette loi, la demande peut être formée dans le délai d'un an à compter de l'entrée en vigueur des dispositions législatives. Quant aux exigences matérielles, l'article L. 452-1 du Code de l'organisation judiciaire subordonne le réexamen d'une décision à deux conditions : « *lorsqu'il résulte d'un arrêt rendu par la Cour européenne* (…) *que cette décision a été prononcée en violation de la Convention européenne* » et « *dès lors que, par sa nature et sa gravité, la violation constatée entraîne, pour cette personne des conséquences dommageables que la satisfaction équitable octroyée par* » le juge européen ne peut effacer.

La Cour de réexamen a ordonné le réexamen du pourvoi formé contre l'arrêt des juges du fond qui avait annulé la transcription, et elle a envoyé les affaires devant l'Assemblée plénière. En dépit des arrêts du 5 juillet 2017, l'Assemblée plénière ne pourra se prononcer que sur la transcription... Mais une nouvelle fois, grâce à cette procédure, l'interdit est fragilisé !

150. Continuité jurisprudentielle. Après avoir battu en brèche le refus de transcription, c'est la sanction de l'impossibilité d'adoption qui est tombée : les arrêts du 5 juillet 2017 s'inscrivent tout naturellement dans la continuité de ceux du 3 juillet 2015.

2. L'abandon du refus d'adoption

151. Un nouvel effet consacré. Selon le Professeur Binet, « *les effets reconnus dans l'arrêt relatif à l'affaire Victorville sont, de loin, les plus importants* »[155], car il appert que cette solution met fin aux dispositions légales actuelles.

152. Revirement de jurisprudence. Dans cet arrêt la Cour de cassation rompt avec sa jurisprudence du 31 mai

---

155 BINET (J.-R.), « Gestation pour autrui : le droit français à la croisée des chemins », *Droit de la famille*, 2017, n°09, étude 13.

1991. À cette époque, l'Assemblée plénière avait affirmé qu'en cas de mère porteuse, l'adoption de l'enfant du conjoint était impossible. Comme l'enfant était produit en vue d'être abandonné, puis adopté, la Haute juridiction avait analysé cette opération comme une fraude à l'institution de l'adoption. Grâce à l'article 16-7 du Code civil, le législateur de 1994 avait renforcé l'impossibilité d'adopter l'enfant conçu illégalement.

La finalité des affaires de 1991 et de 2017 est la même : accueillir un enfant conçu en exécution d'un contrat ; cependant les solutions diffèrent. L'avocat général a ainsi affirmé que « *l'adoption pourrait s'analyser ici comme une opération destinée à conforter le fait accompli et illicite qui a été la gestation pour autrui pratiquée à l'étranger* ». Mais il nuance ses propos en ajoutant qu'« *il apparaît que l'adoption considérée avait bien pour but d'établir un lien de filiation avec le conjoint du père et, par la même, de conforter le lien familial existant, ce qui participe tout à fait des objectifs légaux de cette institution* ». Cette opération avait en effet pour intérêt d'assurer à l'enfant conçu « *une vie familiale renforcée et sécurisée, dans la mesure où elle vise à la création d'un lien licite et pérenne avec le conjoint du premier parent.* » Dès lors, « *bien que l'opération s'inscrive dans un processus d'ensemble illicite en France et frappé d'une nullité d'ordre public* (…), *il n'en résulte pas moins des constatations des juges du fond qu'elle répond à l'intérêt de l'enfant.* » Autrement dit, la Cour de cassation opère un revirement de jurisprudence et elle ne voit plus en la GPA un détournement de l'adoption si celle-ci poursuit l'intérêt de l'enfant. L'évocation de cette notion amène à se demander s'il est dans son intérêt d'être privé de la femme qui l'a mis au monde ? s'il est dans son intérêt d'être l'objet d'une convention ? Hélas, la notion d'intérêt de l'enfant est si malléable qu'il suffit de trouver le bon angle d'approche pour obtenir la réponse souhaitée.

153. *Quid* des juges du fond ? En définitive, la Cour de cassation admet que la mère d'intention puisse adopter l'enfant de son conjoint, si c'est dans l'intérêt de l'enfant et si les conditions de l'adoption sont bien réunies, c'est-à-dire que la mère porteuse doit avoir donné son consentement. Depuis l'arrêt *Victorville*, les juges du fond ne sont pas très clairs... Ils refusent de prononcer l'adoption plénière[156], mais admettent une adoption simple sans pour autant vérifier le consentement de la mère porteuse[157].

154. Conséquences évidentes. Bien évidemment, ces « bricolages » jurisprudentiels, qui se substituent au législateur, ne sont pas sans conséquence.

B. Les conséquences des solutions jurisprudentielles

155. Deux conséquences. Les arrêts du 5 juillet 2017 produisent deux conséquences. D'une part, ils mettent un terme définitivement à l'alliance entre la loi et la jurisprudence, qui visait à dissuader les couples de recourir à une mère porteuse (1). D'autre part, ils invitent le législateur à se prononcer sur ce sujet controversé (2).

1. La rupture de l'alliance entre juge et législateur

156. Une alliance effective. L'effectivité de l'interdiction de la gestation pour autrui résultait d'une alliance entre le législateur et le juge. Le premier avait affirmé cette prohibition à l'article 16-7 du Code civil. Le second, pour dissuader les couples, n'avait cessé d'interdire l'établissement d'un lien de filiation entre l'enfant et le parent d'intention. Qu'il s'agisse d'une adoption[158], d'une reconnaissance[159] ou encore d'une possession d'état[160], il était

---

156 TGI Évry, 4 sept. 2017, n°16/06684, *AJ famille*, 2017. 588, obs. F. Berdeaux.

157 TGI Créteil, 14 sept. 2017, n°16/08343, *AJ famille*, 2017. 588.

158 Cass., 1ère civ., 9 déc. 2003, n°01-03.927 : JurisData n°2003-021336.

159 CA Rennes, 4 juill. 2002, n°01/02471 : JurisData n°2002-191286.

fermement opposé à cet établissement de la filiation. De plus, il refusait la transcription des actes de naissance étrangers à l'état civil français. Cette fermeté se fondait sur la volonté de donner une véritable effectivité à l'interdiction.

157. Rupture de l'alliance suite aux arrêts. Toutefois à cause des arrêts de 2015 et 2017, la GPA conclue à l'étranger produira désormais, en France, en dépit de la nullité d'ordre public, ses effets essentiels, à savoir la transcription et l'adoption. À l'heure actuelle, aucune « épée de Damoclès » juridique ne permet de décourager les couples de recourir à une mère porteuse, alors que cette pratique est toujours autant combattue[161]. Ces arrêts invitent le législateur à se demander s'il doit poursuivre la lutte contre la gestation pour autrui ou s'il doit, au contraire, l'autoriser et l'encadrer. Peu importe son choix, son intervention demeure nécessaire.

2. La nécessité d'une intervention législative

158. Le choix du législateur. Certes, l'intervention du législateur est nécessaire, mais sa réponse est variée : il peut choisir soit d'admettre cette pratique, soit de poursuivre la prohibition, auquel cas il devra élaborer de nouveaux procédés de dissuasion afin de renforcer l'interdiction. Avant d'opter pour l'une ou l'autre voie, plusieurs éléments sont à prendre en considération. Tout d'abord, on ne peut ignorer la relation complexe qui se crée entre la mère porteuse et l'enfant, car la grossesse n'est pas une période anodine et un utérus un simple incubateur. L'intervention d'une mère porteuse a, de plus, une incidence sur la filiation : un morcellement de la parenté. Enfin, la gestation pour autrui constitue une instrumentalisation de l'Homme.

---

160 TGI Lille, 22 mars 2007 : JurisData n°2007-338352. Confirmation en appel, CA Douai, 14 sept. 2009. Puis le pourvoi est rejeté, Cass., 1ère civ., 6 avr. 2011, n°09-17.130 : JurisData n°2011-005607.

161 En ce sens, on peut notamment citer la loi du 7 juillet 2011 relative à la bioéthique et plus récemment, l'avis du CCNE du 15 juin 2017, sur les demandes sociétales de recours à l'assistance médicale à la procréation (AMP).

159. Soit la dissuasion. Différents auteurs, notamment le Professeur Neirinck[162] ou encore Aude Mirkovic, refusent la légalisation de la gestation pour autrui. Il s'agit dans ce point de relever les arguments qui maintiendraient l'interdiction, puis de proposer des « outils » de dissuasion afin que l'interdit soit efficace.

160. Arguments soutenant l'interdiction. Les obstacles à la légalisation de la GPA s'appuient autant sur la mère porteuse que sur l'enfant.

S'agissant de la marchandisation de la femme, la GPA fait courir à la mère porteuse différents risques. Certes, ils ne sont pas exceptionnels, car toute grossesse implique des risques physiques et psychiques, mais ils ont pour spécificité d'être encourus dans l'intérêt d'autrui. De plus, des doutes subsistent à l'égard du consentement, libre et éclairé, donné par la gestatrice. Enfin, des risques d'exploitation sont à craindre. Si la mère porteuse percevait une rémunération, celle-ci porterait atteinte au caractère non patrimonial du corps humain. Or, même dans les systèmes prétendument gratuits, cette gratuité est en réalité illusoire. En effet, la mère porteuse reçoit soit des cadeaux de la part du couple, soit une indemnisation, qui peuvent être perçus comme une rémunération.

Concernant la marchandisation de l'enfant, il convient de rappeler que l'humain n'est pas un objet et par conséquent, aucun Homme n'est propriétaire d'un autre. Or, lors d'une GPA, l'enfant à naître est l'objet d'un contrat comme en témoignent deux exemples. En premier lieu, l'enfant est certes désiré, mais il semble être traité comme une marchan-

---

162 Le Professeur Neirinck s'oppose à considérer la GPA comme un don d'engendrement. Selon elle, ce n'est pas la grossesse de la mère qui est donnée, mais l'enfant. NEIRINCK (C.), « La procréation médicale assistée en France : une question d'égalité ? », *Rev. Femmes et Droit*, 2013, n°25, p. 369 ; NEIRINCK (C.) et GROSS (M.), *Parents-enfants : vers une nouvelle filiation ? Question de droit et de société*, Paris, Doc. fr., 2014.

dise. En second lieu, lorsque l'enfant est vendu, une partie a pour obligation de porter l'enfant en vue de le remettre et le cocontractant a pour obligation de donner une contrepartie. Il s'agit d'« *un achat d'enfant* »[163], selon la Cour d'appel de Rennes, sous-entendant son instrumentalisation. Mais, même en l'absence de rémunération, l'enfant est considéré comme un objet. Le donateur (la mère porteuse) se dépouille de son enfant, sans contrepartie et irrévocablement. On ne saurait pas plus vendre que donner un être humain. En définitive, l'enfant est donc un moyen d'assouvir un désir et n'est pas considéré comme une fin. À côté de cet aspect d'enfant « outil », on ne peut négliger l'aspect psychologique. Certains feront, à tort, un parallèle avec l'adoption. Celle-ci permet à un enfant de compenser la famille dont il est privé au profit d'une autre, alors que la GPA planifie cet abandon. Or, cet abandon peut être potentiellement traumatisant pour l'enfant. Même s'il le dépasse, il est possible qu'il en garde toujours une trace dans son cœur.

161. Renforcement de l'interdiction. En second lieu, le législateur doit opter pour une nouvelle offensive afin que l'interdit soit efficace. Pour se faire, il peut agir sur le plan international, en proposant un protocole additionnel inspiré de celui du clonage reproductif humain. Mais il peut également agir sur le plan interne. Tout d'abord, le législateur pourrait s'inspirer de la lettre des articles portant sur l'interdiction du clonage et de l'eugénisme. Puis, il compléterait cette interdiction de sanctions civiles et pénales. S'agissant des premières, le recours à une mère porteuse pourrait rendre impossible l'établissement d'un double lien de filiation. Calquée sur l'inceste[164], cette règle permettrait à la fois de s'opposer à la transcription des actes étrangers et de refuser la demande d'adoption de l'enfant formulée par le

---

163 CA Rennes, 10 janv. 2012, n°11/01846.

164 C. civ., art. 310-2.

conjoint. Quant aux sanctions pénales, le législateur devrait ajouter un alinéa à l'article 227-12 du Code pénal, qui réprime « *le fait de s'entremettre* ». Les entremetteurs opérant à l'étranger, l'incrimination a un faible impact sur eux et ce nouvel alinéa pourrait donc préciser que l'infraction s'appliquerait aussi lorsqu'elle est commise à l'étranger par un français ou une personne qui résiderait de manière habituelle et stable en France.

162. Soit l'admission. Cependant, en dépit de ces raisons négatives, il serait bon d'obtempérer[165]. Deux raisons peuvent être avancées en ce sens. D'une part, à l'heure actuelle, les techniques d'assistance médicale à la procréation répondent à une finalité thérapeutique. Or, la gestation pour autrui « thérapeutique » n'est pas permise. En effet, le droit positif apporte une solution heureuse aux femmes privées de leurs fonctions ovocytaires, mais en revanche, il refuse catégoriquement d'aider celles privées de leurs fonctions utérines. D'autre part, le tourisme procréatif se développe et avec lui, hélas, le lobbying qui cherche à satisfaire non pas un désir d'enfant, mais d'enrichissement. Le législateur devrait peut-être légaliser cette pratique, tout en prévoyant un protocole afin d'éviter des débordements.

163. La PMA jurisprudentielle : une PMA pour tous. Force est de constater que « *la jurisprudence de la Cour de cassation place le législateur français à la croisée des chemins* »[166], que ce soit en matière de mère porteuse ou d'insémination artifi-

---

165 En sens contraire : MIRKOVIC (A.), *PMA, GPA : Quel respect pour les droits de l'enfant ?,* TÉQUI, 2016. Selon l'auteure, légaliser la GPA pour éviter des pratiques illégales ne résoudrait pas les problèmes de tourisme procréatif. Tout d'abord, elle s'appuie sur le fait qu'« *aucun encadrement ne rend légitime le fait de disposer d'un être humain* », qu'il n'y a pas de « *GPA éthique* ». Ensuite, elle ajoute que la loi ne simplifierait pas la filiation maternelle et elle n'éviterait pas la séparation avec la mère porteuse à l'égard de l'enfant. Enfin, elle invoque le problème de l'anonymat et de la gratuité pour refuser d'autoriser une telle pratique.

166 BINET (J.-R.), « Gestation pour autrui : le droit français à la croisée des chemins », *Droit de la famille*, 2017, n°09, étude 13.

cielle avec donneur de gamètes pour les couples de femmes. En permettant à des pratiques interdites de produire des effets juridiques en France, le juge fragilise la loi. Néanmoins, ce ne sont pas les seules thématiques abordées par le juge. Si ces solutions témoignent d'une volonté d'une PMA pour tous, en revanche, d'autres solutions, plus évasives, émanant du Conseil d'État, pourraient entraîner des dérives.

Section 2. Les prémices de dérives ?

164. Des termes évasifs conduisant à des dérives. C'est en utilisant le contrôle de proportionnalité que le Conseil d'État a tranché la question de l'insémination *post mortem* (§ 1) et l'anonymat du donneur de gamètes (§ 2). L'expression « circonstances particulières » et l'analyse des termes de « en cas de nécessité thérapeutique » sont évasives. De ce fait, elles ouvrent la voie à de nombreuses interprétations, dont découleront probablement des dérives.

§ 1. Le juge, la veuve et l'orphelin à naître

165. Une solution *contra legem* ouvrant la boîte de Pandore. En France, l'insémination *post mortem*[167] et l'exportation de gamètes afin de réaliser une telle technique sont formellement prohibées. En dépit de la loi, le Conseil d'État a ordonné, le 31 mai 2016, la restitution des paillettes de sperme, congelées par le défunt, à sa veuve en vue d'une insémination (A). Comme on pouvait s'y attendre, cette solution *contra legem* a ouvert la boîte de Pandore (B).

---

[167] C. santé publ., art. L. 2141-2 ; L. 2141-11-1.

A. L'exigence de circonstances particulières : l'élément d'extranéité

166. Arrêt *Gonzalez-Gomez*. Dans un arrêt du 31 mai 2016, le Conseil d'État[168] a choisi d'écarter ponctuellement l'interdiction de toute exportation de gamètes en vue d'une utilisation contraire aux dispositions légales, au motif que cette interdiction portait une « *atteinte manifestement excessive [au] droit au respect de la vie privée et familiale* » de la requérante.

167. Les faits. En l'espèce, le mari est atteint d'une maladie, dont le traitement pouvait altérer sa fertilité. Ses gamètes ont donc été conservés. Alors qu'il était mourant, les professionnels de santé ont programmé l'insémination de sa femme. Malheureusement, il est décédé avant que celle-ci ne soit pratiquée. La veuve, de nationalité espagnole, a demandé que les paillettes du défunt, conservées en France, soient transférées en Espagne, car la loi espagnole permet l'insémination *post mortem* dans les douze mois qui suivent le décès. En outre, le défunt avait expressément consenti à la poursuite du projet parental.

Dès lors, s'est posée la question de savoir si les gamètes du défunt pouvaient ou non être exportés dans un autre État afin de réaliser une insémination *post mortem*. La loi, dénuée de toute ambiguïté, interdit expressément l'insémination *post*

---

[168] CE, ass., 31 mai 2016, n° 396848, Mme *Gonzalez-Gomez*, Lebon p. 208, concl. BRETONNEAU (A.). Lebon avec les conclusions, *AJDA* 2016. 1092 ; 1398 , chron. DUTHEILLET (L.) DE LAMOTHE et ODINET (G.) ; *D.* 2016. 1470, obs. DE MONTECLER (M.-C.) ; 1472, note FULCHIRON (H.) ; 1477, note HAFTEL (B.) ; 2017. 729, obs. GRANET-LAMBRECHTS (F.) ; 781, obs. GALLOUX (J.-C.) et GAUMONT-PRAT (H.) ; 935, obs. RÉGINE ; 1011, obs. GAUDEMET-TALLON (H.) et JAULT-SESEKE (F.) ; *AJ famille.* 2016. 439, obs. SIFFREIN-BLANC (C.) ; 360, obs. DIONISI-PEYRUSSE (A.) ; *RFDA* 2016. 740, concl. BRETONNEAU (A.) ; 754, note DELVOLVÉ (P.) ; *RTD civ.* 2016. 578, obs. DEUMIER (P.) ; 600, obs. HAUSER (J.) ; *ibid.* 802, obs. MARGUÉNAUD (J.-P.) ; 834, obs. HAUSER (J.) ; *RTD eur.* 2017. 319, obs. RITLENG (D.).

mortem et l'exportation en vue réaliser cette technique [169]. C'est donc en application des dispositions légales que l'Agence de la biomédecine s'est opposée à cette demande. Estimant que ce refus portait atteinte à son droit au respect à la vie privée et familiale, protégé par l'article 8 de la Convention européenne, la veuve a saisi le juge administratif en référé. Déboutée en première instance, elle voit, en revanche, sa requête aboutir devant le Conseil d'État. Or, la solution, indubitablement *contra legem*, et la motivation du Conseil sont surprenantes.

168. Solution originale. L'interdiction de l'insémination *post mortem* est clairement posée par les textes et se fonde sur l'intérêt de l'enfant à ne pas être délibérément conçu orphelin.

En premier lieu, la lettre est limpide. En effet, plusieurs textes s'opposent à la fois à cette pratique et à la restitution des gamètes. En ce sens, l'article L. 2141-2 alinéa 2 de du Code de la santé publique prévoit expressément que le décès d'un des membres du couple fait obstacle à l'insémination. À quoi l'article L. 2141-11-1 du même code ajoute que « *seuls les gamètes* (…) *destinés à être utilisés conformément* » aux normes en vigueur, notamment l'exigence d'un couple vivant, « *peuvent faire l'objet d'une autorisation* (…) *d'exportation* ». En outre, les bonnes pratiques d'AMP prévoient que la restitution des paillettes ne soit faite qu'au patient. Enfin, l'arrêté du 3 août 2010 précise qu'« *il est mis fin à la conservation des gamètes ou des tissus germinaux* » en cas de décès. Au regard de l'ensemble de ces textes, il appert un large rejet de l'insémination *post mortem* et de l'exportation des gamètes à cet effet.

En second lieu, toutes ces règles se comprennent à l'aune de la notion de l'intérêt de l'enfant. On souhaite, en effet,

---

169 Respectivement les articles L. 2141-2 et L. 2141-11-1 du Code de la santé publique.

qu'il ait la filiation la moins complexe possible, car une personne décédée ne peut logiquement plus procréer.

Malgré la clarté de la loi, autant dans son texte que dans son esprit, le Conseil d'État a opté pour une position audacieuse.

169. Motivation surprenante. La motivation est également surprenante. À l'instar de la Cour de cassation, le Conseil d'État s'est laissé séduire par le principe de proportionnalité[170].

Dans un premier temps, le Conseil d'État a affirmé que l'interdiction légale est compatible avec la Convention européenne des droits de l'homme, en particulier l'article 8. Pour faire « plier » la loi, le juge s'appuie sur le contrôle de conventionnalité, c'est-à-dire qu'il vérifie la conformité de la loi nationale au regard des Conventions internationales. Si le contrôle révèle une incompatibilité, le texte international prévaut sur celui national, en vertu de la hiérarchie des normes. En l'espèce, la requérante a invité le Conseil d'État à effectuer ce contrôle sur les conditions d'accès au regard de l'article 8 de la Convention européenne. Constatant que le juge européen reconnaît une marge nationale d'appréciation au profit des États en matière de PMA, il a ainsi affirmé que l'insémination *post mortem* « *relève de la marge d'appréciation dont chaque État dispose, dans sa juridiction, pour l'application de la Convention européenne* (…) *et elle ne porte pas, par elle-même, une atteinte disproportionnée au droit au respect de la vie privée et familiale* » tel qu'il est garanti par l'article 8 de ladite Convention. Il a ajouté que, bien évidemment, cette affirmation s'étend à l'exportation des gamètes.

Toutefois, dans un second temps, le Conseil d'État, usant du contrôle de proportionnalité, gage d'insécurité, a

---

170 Avant cet arrêt du Conseil d'État, la Cour de cassation avait utilisé le contrôle de proportionnalité dans un arrêt du 4 décembre 2003 ; Cass., 1ère civ., 4 déc. 2003, n°12-26.066 : JurisData n°2013-027409.

considéré que cette compatibilité « *ne fait pas obstacle à ce que, dans certaines circonstances particulières, l'application de disposition législative puisse constituer une ingérence disproportionnée dans les droits garantis* »[171] par la Convention. Autrement dit, il a prononcé la restitution des paillettes à la veuve, au motif que, malgré sa conformité à la Convention européenne, la loi française peut être écartée si, dans un cas particulier, son application entraîne une « *atteinte manifestement excessive* » aux droits protégés par la Convention. En l'espèce, il fait une analyse *in concreto.* Il a remarqué, tout d'abord, que le couple avait souhaité faire un dépôt de gamètes en Espagne, en vue d'une éventuelle insémination *post mortem*, mais le dépôt n'a pu être fait en raison de l'état de santé du défunt. Par ailleurs, il a relevé que, d'une part, le défunt et la requérante avaient formé « *dans la durée et de manière réfléchie* » un projet parental commun, et d'autre part, que le mari avait donné son consentement. Enfin, il s'est intéressé à l'installation de la veuve en Espagne. Il a conclu à l'absence d'intention frauduleuse eu égard à deux indices : la nationalité espagnole de la demanderesse et son déménagement pour rejoindre sa famille, et non pour bénéficier d'une législation plus favorable. Il s'avérerait donc cruel de lui refuser une chance dont ses compatriotes disposent.

Au regard des circonstances particulières, le Conseil d'État s'est permis d'écarter la loi française, pourtant compatible avec la Convention, car le refus opposé portait une « *atteinte manifestement excessive au droit au respect de la vie privée et familiale* » de la requérante. Avec cette solution, le Conseil d'État fragilise le volet procréatif *post mortem* : on aurait pu comprendre pour le transfert d'embryon, mais il franchit une étape avec l'insémination.

---

171 BINET (J.-R.), « Insémination post mortem : quand le Conseil d'État s'affranchit de l'interdit légal », *Droit de la famille*, 2016, n°09, étude 15.

170. La notion évasive de circonstances particulières. Selon le Conseil d'État, il est donc possible de s'affranchir de règles claires dès lors que des circonstances particulières interviennent. Or, ces circonstances particulières se limitent-elles à un élément d'extranéité ? Si la veuve n'avait pas été espagnole, quelle aurait été la solution ? En l'absence de précision de la part du Conseil d'État, les juridictions administratives vont s'engouffrer dans cette brèche…

B. L'interprétation subjective des circonstances particulières

171. Conséquences de l'arrêt *Gonzalez-Gomez*. L'arrêt *Gonzalez-Gomez* est loin d'être passé inaperçu. En effet, deux décisions de Tribunaux administratifs, Rennes (1) et Toulouse (2), ont été rendues en application de cette jurisprudence, permettant ainsi d'apprécier plus justement la position induite par le Conseil d'État.

1. La solution du tribunal administratif de Rennes

172. Les faits. L'affaire soumise au Tribunal administratif de Rennes est *a priori* similaire à celle du Conseil d'État. En l'espèce, suivant un traitement stérilisant, le mari a procédé aux dépôts de ses gamètes. Le projet parental du couple s'est toutefois concrétisé par les voies naturelles. Malheureusement, avant la naissance de l'enfant, l'époux est décédé des suites de sa maladie. Quelque temps après, l'enfant, à son tour, est décédé *in utero*. S'appuyant sur la solution de la Haute juridiction administrative, la veuve a alors demandé au juge rennais l'exportation des gamètes du défunt vers un État qui permet l'insémination *post mortem*.

Adoptant la même logique que le Conseil d'État, le tribunal a estimé que les dispositions françaises ne sont pas contraires à l'article 8 de la Convention européenne, mais leur application au fait d'espèce porterait une atteinte disproportionnée aux droits de la requérante.

173. Affaires différentes, solutions identiques. Dans l'arrêt *Gonzalez-Gomez*, l'élément d'extranéité, élément central, justifie que la loi soit écartée, car il n'y a pas de fraude à celle-ci. En revanche, dans l'affaire rennaise, la requérante, française, entend, sans aucune ambiguïté, contourner l'interdit législatif. Cette affaire est strictement opposée à celle soumise au Conseil d'État et pourtant, les solutions sont identiques.

174. Extension de la solution du Conseil d'État. À défaut de se fonder sur l'élément d'extranéité, le juge administratif de Rennes s'est appuyé sur d'autres circonstances particulières : la double perte, son mari et son enfant. Faisant état d'un projet parental, le juge a relevé que le mari pouvait légitimement penser que l'enfant naîtrait et seul le décès *in utero* a empêché la réalisation du projet. À l'instar du Conseil d'État, le tribunal administratif fait une appréciation *in concreto* et se fonde sur le projet parental commun du couple pour motiver sa décision. Si le Conseil d'État conditionnait le projet parental à un élément d'extranéité, la solution rennaise entend, elle, étendre le projet indépendamment de la nationalité.

175. Critique. En apparence, la décision semble se fonder sur la jurisprudence du Conseil d'État, mais il n'en est rien. Les circonstances particulières sont émotionnelles et non géographiques. Certes, l'histoire est tragique, mais elle ne rend pas la loi plus ou moins contraire à la Convention. *Dura lex sed lex* : la loi se doit d'être appliquée, même si elle est sévère ou injuste. Il serait donc utile de rappeler aux juges du fond que, même si la loi ne leur plaît guère, ils doivent l'appliquer. Au demeurant, une nouvelle intervention du Conseil d'État serait la bienvenue, soit pour délimiter clairement les termes de « circonstances particulières », soit pour abandonner le contrôle de proportionnalité, source d'insécurité juridique.

2. La solution du tribunal administratif de Toulouse

176. Les faits. Dans l'affaire toulousaine, un couple a entrepris des démarches en vue de bénéficier d'une PMA. En février 2013, un cancer étant diagnostiqué au concubin, le CHU a décidé à la fois de suspendre la PMA et d'accepter de conserver les gamètes. Le couple, désormais marié, a formulé, en septembre 2013, une demande afin d'utiliser les paillettes en vue d'un projet de grossesse. Mais l'établissement de santé a refusé de poursuivre l'assistance médicale. Quelques mois après, le mari est décédé, empêchant la reprise de la procédure d'une PMA. De ce fait, la demanderesse, française, a sollicité la restitution des paillettes de son défunt époux en vue d'une insémination *post mortem* à l'étranger. À l'instar de l'affaire rennaise, les principaux éléments sont la nationalité française et le projet parental commun. Mais une particularité se glisse dans ce jugement : le caractère *in extremis* de l'assistance médicale à la procréation.

177. L'application de l'arrêt *Gonzalez-Gomez*. Sans surprise, le juge administratif toulousain a précisé comme ses prédécesseurs, que « *l'interdiction (…) d'utiliser les gamètes du mari, postérieurement à son décès pour réaliser une insémination au profit de sa veuve, relève de la marge d'appréciation dont chaque État dispose, dans sa juridiction, pour l'application de la Convention européenne* ». Il a poursuivi en affirmant, cependant, que « *dans certaines circonstances particulières* », cette prohibition peut constituer une « *ingérence disproportionnée dans les droits garantis* » par ladite Convention.

Toutefois, le tribunal a relevé que la requérante n'établit pas, ni même n'allègue avoir « *des liens avec l'un [des États] proposant des inséminations post mortem ou qu'elle formerait le projet de s'y installer* ». Bien au contraire, il a souligné qu'elle « *ne conteste pas que son projet d'insémination à l'étranger résulte de la recherche, par elle, de dispositions plus favorables* (…) *que la loi française* ». Ainsi, « *dans ces conditions* », il a conclu qu'« *il ne ressort pas des pièces du dossier que l'atteinte portée par la décision attaquée au droit de la [requérante] au respect de sa vie privée et familiale soit excessive* ».

Cette solution résulte d'une comparaison avec l'arrêt du Conseil d'État. En effet, comme la demanderesse n'est pas placée dans une situation analogue à celle de Mme *Gonzalez-Gomez*, notamment quant à sa nationalité, sa demande d'exportation des gamètes est rejetée.

178. L'insémination *in extremis*. L'affaire est néanmoins particulière s'agissant du comportement de l'établissement de santé. En l'espèce, le CHU n'a pas réalisé l'insémination artificielle lorsque l'homme est décédé, mais également de son vivant lorsque la pathologie mortelle a été diagnostiquée. Or, l'insémination *in extremis* n'est pas prévue par la loi.

Selon l'arrêté du 11 avril 2008[172] relatif aux règles de bonnes pratiques en matière d'AMP, « *l'équipe pluridisciplinaire peut à tout moment différer ou refuser la prise en charge dans les limites fixées par la loi et le Code de déontologie* ». Autrement dit, l'équipe pluridisciplinaire dispose d'un pouvoir d'appréciation. Dans cette affaire, c'est l'état de santé du patient qui a poussé l'équipe à suspendre l'insémination pour éviter, certainement, qu'un orphelin de père naisse. Or, le CHU a rajouté une condition à la loi. D'une part, on pourrait considérer que l'établissement de santé a commis une faute : ce refus serait une perte de chance pour la veuve de tomber enceinte. D'autre part, on peut se demander si un transfert des paillettes d'un CHU qui refuse à un autre qui l'autorise n'aurait pas été possible.

---

172 Arrêté du 11 avril 2008 relatif aux règles de bonnes pratiques cliniques et biologiques d'assistance médicale à la procréation, JORF n°0119 du 23 mai 2008, texte n° 32, p. 8387.

179. La notion évasive de circonstances particulières. À la lecture des solutions jurisprudentielles de Rennes et de Toulouse, on pourrait affirmer que seule l'existence de circonstances particulières, comme l'a entendu le Conseil d'État, justifie d'écarter l'interdiction d'insémination *post mortem*. Mais une question demeure : que faut-il entendre par « *circonstances particulières* » ? Résident-elles dans un lien d'extranéité, comme l'a recherché le juge toulousain s'inspirant de l'arrêt *Gonzalez-Gomez* ? Ou peuvent-elles être déduites d'autres éléments, tels qu'une histoire tragique ? Le Conseil d'État n'ayant pas formellement lié ces circonstances particulières à un élément d'extranéité (nationalité, lieu de résidence), on ne peut écarter la solution du tribunal administratif de Rennes.

180. Conséquences à l'échelle européenne de ces arrêts. À l'heure actuelle, les conditions d'accès à la PMA, en l'absence de consensus européen, relèvent de la marge d'appréciation des États membres. Cependant, eu égard aux récentes solutions jurisprudentielles administratives, on peut se demander si la Cour européenne ne va pas restreindre l'exigence d'un couple vivant…[173]

§ 2. Le juge, l'anonymat et l'enfant né d'un don

181. Généralités. Plusieurs fois, le Conseil d'État a été confronté à l'anonymat de l'auteur d'un don. Maintenant sa position en 2015, il a toutefois précisé la notion de nécessité thérapeutique (A). Puis, paradoxalement en 2017, il n'a pas usé du contrôle de proportionnalité, dont il n'a pourtant pas hésité à se servir pour « tordre » la loi en matière d'insémination *post mortem* (B).

173 Cf infra Deuxième partie, Chapitre 1, Section 1, §2, B, 2, a), p. 91.

A. L'interprétation extensive de la notion de nécessité thérapeutique

182. Un anonymat contesté. Deux ans après un avis rendu en 2013[174] au sujet d'une éventuelle méconnaissance du droit d'accès aux origines du fait du secret absolu en matière de don de gamètes, le Conseil d'État a dû à nouveau se prononcer sur ce douloureux débat.

183. Droit positif. On rappellera brièvement qu'un enfant issu d'un don de gamètes n'a pas accès à son histoire, en vertu des articles 16-8 du Code civil et L. 1211-5 du Code de la santé publique, qui prévoit que « *le donneur ne peut connaître l'identité du receveur, ni le receveur celle du donneur. Aucune information permettant d'identifier à la fois celui qui a fait don d'un élément ou d'un produit de son corps et celui qui l'a reçu ne peut être divulguée* ». Néanmoins il est possible de déroger à cet anonymat dans un cadre très restreint, puisque les articles L. 1244-6 et L. 1131-1-2 du Code de la santé publique permettent l'accès à des informations médicales non identifiantes en cas de nécessité thérapeutique, mais par l'intermédiaire d'un médecin.

184. Les faits. En l'espèce, la requérante a vu le jour grâce à un don de gamètes. Mariée à un homme lui-même issu d'un don, elle souhaitait s'assurer que son époux n'était pas son demi-frère biologique, c'est-à-dire, qu'ils ne soient pas nés tous les deux du même donneur. Confirmant la solution du Tribunal administratif de Montreuil[175], la Cour administrative d'appel de Versailles[176], en application de l'avis du 13 juin 2013, a refusé de lever l'anonymat du tiers donneur dont est issue la demanderesse. Cette dernière a formé

---

174 CE, avis, 13 juin 2013, n°362981 : *Dr famille* 2013, 112, note BINET (J.-R.) ; *D.* 2014 p. 1176, obs. GRANET-LAMBRECHTS (F.).

175 TA Montreuil, 14 juin 2012 : JurisData n°2012-012516 ; *JCP G* 2012, act. 802, BINET (J.-R.) ; *RTD civ.* 2012, p. 520 HAUSER (J.).

176 CAA Versailles, 2 juill. 2013, n°12VE02857 : JurisData n°2013-019143.

un pourvoi devant le Conseil d'État, et dans un arrêt du 12 novembre 2015[177], le Conseil l'a rejeté.

185. Prétentions de la requérante. Différents arguments ont été avancés par la requérante, notamment la méconnaissance de différentes dispositions portant sur la transmission de documents administratifs issues de la loi du 17 juillet 1978, elle prétendait aussi que le principe d'anonymat d'ordre public violait les articles 8 et 14 de la Convention de sauvegarde des droits de l'homme et des libertés fondamentales. L'analyse de l'arrêt portera essentiellement sur le grief du respect de la vie privée et familiale, car le raisonnement du juge semble contestable.

186. Discrimination. Brièvement, on relèvera que le Conseil d'État a balayé l'argument de la discrimination, considérant que « *l'enfant issu d'un don de gamètes ne se trouve dans une situation analogue, et par suite comparable, ni à celle des enfants du donneur de gamètes, ni à celle des enfants du couple receveur* » d'où cette différence de traitement. Cet argument est douteux, car la loi affirme l'égalité des droits entre les enfants, selon leur mode de conception et l'établissement de leur filiation. Or, la loi fait fi de ceux nés d'une PMA exogène, car ils sont bien les seuls à ne pouvoir connaître la vérité biologique.

Depuis quelques années, on assiste à un essor de la vérité biologique grâce à la jurisprudence[178] et à la loi[179]. Le juge et le législateur protègent l'expansion des origines biologiques, mais paradoxalement, les enfants nés d'un don sont bien les seuls à être privés de ce droit alors que la levée de

---

[177] CE, 10ème et 9ème ss-sect. Réunies, 12 novembre 2015, n°372121, ECLI : FR : 2015 :372121.20151112. Mme X, Lebon, J/ Reiller, rapp., E. Crepey, rapp. Publ. ; SCP Didier, Pinet, M Occhipinti, av.

[178] Cass., ass. plén., 23 nov. 2007, n°05-16.975 et 06-10.039, *Bull civ.*, « *l'expertise biologique est de droit en matière de filiation sauf s'il existe un motif légitime de ne pas y procéder* ».

[179] Ordonnance n°2005-759 du 4 juillet 2005 portant réforme de la filiation.

l'anonymat ne remettrait pas en question la filiation à l'égard du couple receveur.

187. Respect de la vie privée et familiale. Plus particulièrement, s'agissant de la prétention s'appuyant sur le respect de la vie privée et familiale, le juge a précisé la notion de « nécessité thérapeutique ». À l'instar de son avis rendu en 2013[180], le Conseil d'État a différencié le cas des données identifiantes et les données non identifiantes, et suite à ce raisonnement, il a pu affirmer qu'« *en interdisant* (…) *la divulgation d'informations sur les données personnelles d'un donneur de gamètes, le législateur a établi un juste équilibre entre les intérêts en présence* », répondant à l'article 8 de la Convention européenne. Mais cette solution est discutable.

188. Données identifiantes. S'agissant des données identifiantes, c'est-à-dire celles qui peuvent identifier l'auteur d'un don, le Conseil d'État a relevé que le principe d'anonymat a pour finalité de préserver à la fois la vie privée du donneur et du couple demandeur.

« *Cette règle, applicable à tous les dons* » du corps humain « *s'oppose à la satisfaction de certaines demandes d'informations* », émanant de l'enfant issu du don, mais cette règle « *n'implique pas d'atteinte à [sa] vie privée et familiale* », « *d'autant qu'il appartient [à ses] seuls parents de décider de lever ou non le secret sur [sa] conception* ». Cette raison est critiquable, en premier lieu, car elle reprend une fausse analogie, datant de 1994, entre le don de gamètes et les autres produits du corps humain. Le CCNE a d'ailleurs mentionné qu'il comprenait la position du Parlement de l'époque, mais il constate qu'avec le recul « *certains enfants nés à la suite d'un don de gamètes anonyme éprouvent un profond mal-être* »[181]. Tirant les conséquences de cette

180 Il convient de remarquer que certes le Conseil d'État reprend son analyse de 2013, mais il la complète.

181 CCNE, avis n°105, 9 oct. 2008, Questionnement pour les États généraux de la bioéthique, p. 6.

comparaison fallacieuse, il souhaiterait qu'on l'abandonne. En second lieu, selon le Conseil d'État, le principe d'anonymat absolu ne porte aucune atteinte à la vie privée et familiale de l'enfant né d'un don de gamètes. Depuis l'arrêt *Niemietz* contre Allemagne[182], la Cour européenne a étendu la notion de vie privée à une dimension identitaire et c'est donc sous cet angle qu'il faut envisager l'accès aux origines. Elle l'a notamment fait d'une part, en matière d'accouchement sous X, en affirmant que la naissance et les circonstances de cette dernière relèvent de la vie privée de l'enfant[183] et, d'autre part, c'est sur cette extension qu'elle se fonde pour condamner les États qui prohibent l'expertise *post mortem*[184]. Ainsi, il semble paradoxal d'affirmer que pour l'enfant né sous X, la quête de l'identité de sa mère relève de sa vie privée, mais qu'en revanche, pour un enfant né d'un don, le secret de l'identité de son géniteur ne porte pas atteinte à sa vie privée.

189. Données non identifiantes. Quant aux données non identifiantes de nature médicale, le Conseil d'État a complété le raisonnement de son avis du 13 juin 2013. En premier lieu, il a pris le soin de signaler les dérogations légales à la règle de l'anonymat[185]. En deuxième lieu, en tenant compte des faits, il a retenu une interprétation extensive de la notion de « nécessité thérapeutique ». En effet, il a précisé que cette exception, qui permet à un médecin d'accéder à des « *informations médicales non identifiantes en cas de nécessité thérapeutique* », ne fait pas obstacle *« à ce que de telles informations soient obtenues à des fins de prévention, en particulier dans le cas d'un couple* » qui craint d'être issu du même géniteur. En l'espèce,

---

182 CEDH, 16 déc. 1992, *Niemietz c. Allemagne*, req. n°13710/88, A. 251, AFDI, 1992, p. 629, obs. Coussirat-Coustère (V.) ; *RTDH*, 1993, p. 410,Lambert (P.) et Rigaux (F.).

183 CEDH, gde ch., 13 fév. 2003, *Odièvre c. France,* req. n°42326/98.

184 CEDH, 13 juill. 2006, *Jäggi c. Suisse*, req. n°58755/00 ; 16 juin 2011, *Pascaud c. France*, req. n°35991/04.

185 C. santé publ., art. L. 1244-6 ; art. L. 1131-1-2.

la requérante avait présenté directement, et non par l'intermédiaire d'un praticien, sa demande. Ainsi, cette dernière a pu être rejetée. Enfin, en dernier lieu, il a affirmé que cet accès, limité au médecin et à des données non personnelles, concilie les intérêts en présence. Pourtant, il ressort à la lecture des premiers débats de bioéthique que l'intérêt de l'enfant est oublié. Dès lors, comment le Conseil d'État peut-il considérer qu'il existe un équilibre entre les intérêts en présence ? Il semble que le juge réduise l'intérêt de l'enfant né d'un don à des questions sanitaires. Toutefois, même en le réduisant à une considération sanitaire, l'argument ne convainc guère. En effet, l'article L. 1111-2 du Code de la santé publique dispose que « *toute personne a le droit d'être informée sur son état de santé* ». Or, l'individu né d'un don de gamètes n'a pas connaissance de l'intégralité de ses antécédents médicaux, notamment de son géniteur, puisque l'article L. 1244-6 du même code dispose qu'« *un médecin peut accéder aux informations médicales non identifiantes en cas de nécessité thérapeutique* ». Autrement dit, l'enfant n'a pas accès à l'intégralité, seulement à des bribes et, seulement en cas de nécessité thérapeutique.

190. Une interprétation extensive. Le Conseil d'État a interprété de manière extensive la notion de nécessité thérapeutique en considérant que le risque de consanguinité – la prévention – pouvait en faire partie. Or, cette dernière est si vague qu'elle pourrait s'étendre à d'autres situations, voire entraîner des dérives. À l'heure actuelle, il étend la notion, mais en respectant la lettre du texte. Toutefois, s'inspirant de sa solution en matière d'insémination *post mortem*, il pourrait multiplier les extensions interprétatives se détachant, cette fois-ci, du texte.

B. L'absence incongrue de contrôle de proportionnalité

191. Insémination *post mortem* et anonymat. Quelques années plus tard, en 2017[186], en dépit de nombreuses contestations, le Conseil d'État a confirmé sa position, brisant tout espoir de remise en cause du principe d'anonymat du donneur de gamètes. On aurait aussi pu penser que, comme en matière d'insémination *post mortem*[187], il s'affranchirait de la règle de droit en se livrant à un contrôle de proportionnalité, mais il n'en est rien. La règle stricte et injuste demeure.

192. Contrôle de proportionnalité. Pourquoi dans un cas le contrôle de proportionnalité est admis et pas dans l'autre, alors que pourtant dans les deux hypothèses, les règles ne semblent souffrir d'aucune exception ? Dans l'arrêt relatif à l'anonymat du donneur de gamètes, il est demandé au juge d'autoriser la divulgation d'informations protégées par la loi. Rien ne justifiait une telle exception et par conséquent, il y aurait eu une « *violation directe* »[188] des dispositions légales. À l'inverse, dans l'arrêt *Gonzalez-Gomez*, on pourrait considérer qu'il n'y a eu qu'une violation indirecte de la loi, car en effet, la demande d'insémination *post mortem* n'était pas de réaliser cette technique en France, mais à l'étranger. En raison des circonstances, « *les poids mis dans la balance pouvaient donc faire pencher celle-ci en faveur de la dérogation* »[189].

En définitive, en matière d'anonymat du donneur de gamètes, le contrôle de proportionnalité est écarté pour une

---

186 CE, 10ème et 9ème ch. réunies, 27 déc. 2017, n°396571 : JurisData n°2017-026464 ; Recueil Lebon.

187 CE, 31 mai 2016, n°396848.

188 FULCHIRON (H.), « L'anonymat du donneur de gamète : des règles contestées in abstracto, mais incontestables in concreto », *Droit de la famille*, 2018, n°03, comm. 64.

189 *Ibid.*

raison qui échappe. On comprend, de plus en plus, le besoin actuel d'encadrer ce contrôle qui donne lieu à des solutions incertaines.

193. Une éventuelle condamnation. L'anonymat absolu est reconnu par le Conseil d'État comme ménageant un juste équilibre. Or, il y a fort à parier que si les différents demandeurs saisissaient la Cour européenne des droits de l'Homme, la France serait condamnée…[190]

194. Substitution contestable. Au vu des différentes solutions jurisprudentielles, on peut donc considérer, qu'à plusieurs reprises, le juge s'est substitué au législateur. De manière certaine[191] ou incertaine[192], il a furtivement introduit des possibilités de dérogations aux dispositions légales en matière d'assistance médicale à la procréation. Glissant peu à peu d'une « infertilité médicale » à une « infertilité sociétale », le juge s'aventure sur les terres du législateur, mais il doit prendre garde à ne pas s'octroyer un rôle qui ne lui appartient pas.

195. Vers une PMA sociétale ? Actuellement, la loi en matière d'AMP est claire : elle ne répond qu'à une finalité thérapeutique. Or, les interventions jurisprudentielles nuancent ces dispositions légales et tendent à les assouplir. On peut légitimement se demander si le législateur interviendra afin d'élargir les conditions d'accès à la PMA, répondant ainsi aux demandes sociétales, puisque « *le droit positif n'a pas réponse à tout* ».

---

190 Cf infra Deuxième partie, Chapitre 1, Section 1, §2, B, 2, b), p. 92.

191 Par exemple pour l'IAD pratiqué à l'étranger par les couples de femmes.

192 Par exemple pour l'exportation des gamètes en vue d'une insémination post mortem.

2ème PARTIE

VERS UNE FINALITÉ SOCIÉTALE DE L'ASSISTANCE MÉDICALE À LA PROCRÉATION ?

196. Le déni d'une AMP de pure convenance. « *Le droit positif n'a pas réponse à tout et (...) il lui faut sans cesse s'ajuster en tablant sur les transformations de la société et les avancées du savoir scientifique* »[193]. En matière d'assistance médicale à la procréation, si les revendications du peuple étaient entendues, on basculerait d'une finalité thérapeutique à une finalité sociétale, d'une conception médicale à une conception civiliste. La PMA satisferait alors un désir personnel, à savoir un désir d'enfant, et n'obéirait plus nécessairement aux lois naturelles.

Or, cet argument, brandi afin de lutter contre cette légalisation, est battu en brèche car la PMA de convenance existe déjà à deux égards. En premier lieu, la PMA n'est pas un acte médical thérapeutique. Cet acte produit un enfant, mais ni il ne guérit, ni il n'améliore la santé du patient. En revanche, c'est un acte de convenance puisqu'il répond à un désir

---

193 Cour supérieure du Canada, province de Québec, district de Montréal, le 22 mai 2015, n°500-04-062114-138, p. 27.

d'enfant[194]. Le droit positif réduit seulement l'accès à l'AMP, mais il n'évince nullement son fondement. En second lieu, la finalité médicale de l'AMP est déjà largement détournée, puisque bien souvent l'infertilité n'est pas pathologique, mais résulte d'une hypofertilité ou d'une infertilité inexpliquée[195].

En définitive, la PMA de pure convenance semble déjà exister au sein du droit positif. Cet argument pour limiter son accès devient illusoire.

197. La consécration d'une finalité sociétale. Il se peut que certains éléments influencent et, *de facto*, changent le visage actuel de la PMA. À l'instar du juge, le législateur se laisserait tenter par ces murmures internationaux et nationaux (Chapitre 1). Entendant certaines revendications, tant au sujet des bénéficiaires que des techniques d'une PMA, le législateur modifierait en conséquence la législation. Néanmoins, il devra museler ses émotions afin d'éviter d'admettre des techniques qui porteraient atteinte à l'espèce humaine (Chapitre 2).

---

194 PARICARD (S.), « L'ouverture de l'AMP aux couples de femmes : en droit de la bioéthique… la révolution n'aura pas lieu », *in* MARAIS (A.) (dir.), *La procréation pour tous ?*, Dalloz-Sirey, Thèmes et commentaires, 2015, p. 19.

195 Par exemple, le recul de l'âge de la première maternité chez la femme est reconnu comme une cause d'hypofertilité. Après trente-cinq ans, la chute de la fertilité est très importante. Or, selon l'Agence de la biomédecine, 38,3 % et 49,8 %, respectivement l'insémination artificielle et la FIV, des femmes qui y recourent ont plus de trente-cinq ans. Ainsi, on peut considérer qu'environ 40 % à 45 % des femmes, qui utilisent une AMP ont plus de trente-cinq ans. L'âge tardif est donc une cause fréquente de consultations.

Chapitre 1. Les indices tendant à une finalité sociétale

198. L'expansion du tourisme procréatif. Le tourisme procréatif [196] est aujourd'hui au cœur des débats juridiques et devrait certainement y rester, eu égard à l'effondrement de l'adoption. Ce triste exode résulte de la rigidité de la législation française en matière d'assistance médicale à la procréation. Or ce tourisme semble bien difficile à réfréner « *tant le désir d'enfant est violent et tant la décision d'en punir les acteurs directs que sont les parents semble voué à l'échec* »[197]. Si la loi relative à la PMA n'est pas modifiée, le tourisme procréatif prospérera et s'intensifiera certainement. Peut-être le législateur se résoudra-t-il, un jour, à assouplir les conditions d'accès et à autoriser de nouvelles techniques d'assistance médicale, mais on peut légitiment se demander quelles sont les influences en droit international (Section 1) et en droit interne (Section 2) qui permettront un tel dénouement.

Section 1. Les influences en droit international

199. Influences internationales. On ne peut nier l'incidence du droit international sur le droit français, peu importe les domaines. Ainsi, la notion d'intérêt, consacrée par la Convention de New York (§ 1), la jurisprudence européenne ou encore le droit comparé (§ 2) pourraient influencer la législation française.

---

196 LEMOULAND (J.-J.), « Le tourisme procréatif », *LPA* 28 mars 2001, p. 24. Depuis, l'expression a été largement reprise par la doctrine.

197 PARICARD (S.), « L'ouverture de l'AMP aux couples de femmes : en droit de la bioéthique… la révolution n'aura pas lieu », *in* MARAIS (A.) (dir.), *La procréation pour tous ?*, Dalloz-Sirey, Thèmes et commentaires, 2015, p. 13.

§ 1. L'incidence de la notion d'intérêt de l'enfant

200. L'intérêt de l'enfant à naître. Pour figurer dans la liste des techniques de PMA autorisées, celles-ci doivent respecter des critères, notamment « *le respect de principes fondamentaux de la bioéthique* », mais également « *l'efficacité, la reproductibilité du procédé ainsi que la sécurité de son utilisation pour la femme et l'enfant à naître* »[198]. Le dernier point, l'intérêt de l'enfant à naître, est particulièrement intéressant et mérite que les travaux préparatoires soient étudiés afin de comprendre la genèse des dispositions actuelles (A). Toutefois, il appert que le caractère malléable de cette notion puisse donner lieu à de multiples interprétations (B).

A. La genèse des dispositions actuelles

201. Genèse des dispositions légales. Selon l'étude des travaux préparatoires et certains auteurs[199], l'intérêt de l'enfant à naître justifierait à la fois les différentes exigences tenant à un certain modèle de couple et l'anonymat du donneur de gamètes. Toutes ces dispositions permettraient donc à l'enfant d'avoir une filiation crédible et un équilibre psychologique « serein ».

202. Critiques. Toutefois, différents éléments tendent à démontrer que l'intérêt de l'enfant n'aurait pas conduit à certaines exigences.

Tout d'abord, s'agissant du secret absolu, révéler l'identité du donneur ne remettrait pas en cause la filiation à l'égard du couple, puisque la loi la « verrouille ». Or, au lieu de satisfaire le besoin d'un enfant de connaître son histoire,

---

198 Décret n°2012-360 du 14 mars 2012.

199 GALLMEISTER (I.), « Ouverture de l'assistance médicale à la procréation aux couples de femmes : la boîte de Pandore ? », *in* MARAIS (A.) (dir.), *La procréation pour tous ?*, Dalloz-Sirey, Thèmes et commentaires, 2015, p. 35.

le législateur a préféré « *réduire les angoisses du couple receveur et du donneur, au détriment de l'intérêt psychologique de l'enfant* »[200].

Ensuite, concernant la procréation *post mortem*, les intérêts de l'enfant à naître et des héritiers justifieraient la prohibition. Il serait, en premier lieu, dans l'intérêt de l'enfant de ne pas naître orphelin, mais l'argument ne convainc guère. Certes, l'enfant ne connaîtra jamais son père, mais il aura une mère aimante. On ne peut d'ailleurs douter que cette dernière parvienne à l'élever seule comme le font d'autres femmes, qui le deviennent en toute légalité, notamment celles dont le père décède accidentellement pendant la grossesse, ou encore celles qui ont bénéficié d'une PMA *in extremis*. La douleur de ces femmes est la même, mais au demeurant on ne demande pas à certaines « d'avorter leur projet parental ». En second lieu, la crainte de geler la succession pendant environ deux ans, délai de réflexion nécessaire pour pratiquer une procréation *post mortem*, justifierait l'interdit. En réalité, on ignore la maxime *infans conceptus* pour satisfaire les héritiers.

Enfin, il appert que les familles homoparentale et monoparentale se développent comme en témoigne l'étude de l'INSEE[201]. Tandis que le droit médical nie ses nouvelles formes familiales, le droit de la famille reconnaît que des enfants, nés ou à naître, puissent être élevés et aimés par des couples homosexuels, à travers les mécanismes de l'adoption et de la délégation-partage.

203. Une notion difficile à appréhender. Mais cette notion d'intérêt de l'enfant est si malléable que selon l'angle, l'approche diffère.

---

200 BONNARD (M.) sous la direction de FREYD-MAETZ (C.), « L'accès aux origines », Mémoire, Master 2 Droit privé général, Université de Lorraine, 2017, p. 61.

201 Cf supra n°20, p 15.

B. La notion malléable d'intérêt de l'enfant

204. Le caractère malléable. Les contours de cette notion ne sont pas clairement délimités, les hypothèses pour y recourir sont multiples. Malheureusement, lorsque législateur et juge l'invoquent, il arrive que les solutions ne concordent pas toujours, puisque l'angle d'approche varie au gré des humeurs. En ce sens, on pourrait considérer que la PMA et la Convention internationale des droits de l'enfant (CIDE), ratifiée par la France en 1990 lui conférant ainsi une valeur supranationale, sont antinomiques. La Convention impose dans son article 3 que « *dans toutes les décisions qui concernent les enfants,* (...) *l'intérêt supérieur de [ce dernier] doit être une considération primordiale* ». Autrement dit, « *prendre en compte l'intérêt de l'enfant n'est pas une option* »[202], celui-ci doit primer sur le désir dont il est l'objet. Ce texte diffuse l'idée que l'enfant est une personne à part entière. À l'inverse, la PMA véhicule l'image d'un enfant objet, car il est le fruit des volontés individuelles et des progrès de la science.

205. Le bébé-médicament : un intérêt de l'enfant critiquable. Cette notion n'est donc pas aisée à appréhender et ainsi, on peut se demander si l'enfant est une fin ou un moyen. L'exemple du double DPI est le plus flagrant, car l'enfant « médicament » est programmé pour guérir son aîné. Or, est-ce dans son intérêt de naître comme un remède ? est-ce dans l'intérêt du premier enfant d'avoir l'impression d'avoir à payer une dette à son cadet ?

En définitive, comme la notion d'intérêt de l'enfant est malléable, variant suivant la stratégie des utilisateurs et englobant différents cas, il est possible d'y recourir afin de basculer vers une PMA sociétale. Mais cette notion ne serait pas la seule à influencer le législateur.

---

202 MIRKOVIC (A.), *PMA, GPA : Quel respect pour les droits de l'enfant ?*, TÉQUI, 2016.

§ 2. L'incidence de l'Union européenne

206. L'absence de consensus. Certes, actuellement il n'y a pas de consensus européen, mais il est probable que les législations étrangères (A) et les solutions jurisprudentielles européennes (B) influencent le législateur français afin qu'il dépasse la finalité médicale au profit d'une finalité sociétale.

A. De certaines législations européennes

207. L'apogée du tourisme procréatif. En matière de procréation médicalement assistée, les États ont légiféré de manière bien différente. Or ces divergences, juridiques et idéologiques, permettent au « *tourisme procréatif* » de prospérer. Pour la première fois utilisée en 2001 par le Professeur Lemouland, cette expression a été largement reprise par la doctrine. Selon Gildas Roussel, cette locution est « *assez abrupte, voire provocatrice* »[203], mais en réalité, elle reflète très justement le *forum shopping* à l'échelle internationale qui se profile depuis des années et qui mériteraient l'attention du législateur.

208. L'influence du droit comparé. « *Le droit français est particulièrement exposé à la concurrence* »[204], car la PMA étant conçue comme un remède à une infertilité médicale et non naturelle, les couples entreprennent un exode vers le « Nouveau Monde ». On peut dès lors se demander si lever les différentes interdictions préviendrait un tel tourisme et atténuerait le contentieux, ou si au contraire, cette légalisation n'engendrerait pas un nouveau contentieux tout aussi délicat. Afin de répondre à cette problématique, la présente étude s'intéressera aux législations étrangères concernant les béné-

---

203 Roussel (G.), « Sanctionner le tourisme procréatif ? », *in* Marais (A.) (dir.), *La procréation pour tous ?*, Dalloz-Sirey, Thèmes et commentaires, 2015, p. 164.

204 Guez (P.), « L'insémination artificielle avec tiers donneur en droit international privé », *in* Marais (A.) (dir.), *La procréation pour tous ?*, Dalloz-Sirey, Thèmes et commentaires, 2015, p. 69

ficiaires, puis aux techniques autorisées[205] et enfin, à l'accès aux origines. En effet, on peut légitimement se demander si la France ne s'inspirera pas de ses voisins, comme elle l'a fait récemment dans sa réforme du droit des obligations[206].

209. Les bénéficiaires. En premier lieu, s'agissant des bénéficiaires, l'Allemagne, l'Italie et la Suisse sont les seuls pays à réserver la PMA aux couples hétérosexuels, mariés ou non. Au contraire, l'Espagne, la Belgique, le Royaume-Uni, le Danemark et les Pays-Bas autorisent des femmes, homosexuelles ou seules, à bénéficier d'une PMA. C'est en moyenne en 2007 que les États ont modifié leur législation afin d'ouvrir plus largement l'accès à l'AMP. Il ressort que s'agissant de cette condition, il n'y a pas de consensus sur le sol européen.

210. Les différentes pratiques. Concernant les pratiques autorisées par les pays voisins, il convient de différencier la procréation *post mortem* et la gestation pour autrui.

211. Procréation *post mortem*. La première technique est prohibée en Allemagne, au Danemark, en Suisse, ainsi qu'en Italie. En revanche, toujours à cette période, la Belgique, l'Espagne, les Pays-Bas et le Royaume-Uni ont modifié leur législation afin d'admettre la procréation *post mortem*. Ces quatre États ont subordonné le recours à cette pratique à l'accord exprès du compagnon et à des délais de réflexion et de réalisation. On peut notamment citer la loi belge qui prévoit un délai de réflexion de six mois. Enfin, excepté l'Espagne qui établit la filiation entre le défunt et l'enfant à naître, les autres États ne règlent pas cette question

---

205 Sénat, Étude de législation comparée n°193, *L'accès à l'assistance médicale à la procréation*, Service des études juridiques, janv. 2009.

206 Alors que d'autres États, tels que l'Allemagne, recouraient à l'imprévision depuis plusieurs années, c'est seulement avec l'ordonnance du 10 février 2016 qu'elle a été admise en droit français.

délicate. Au Royaume-Uni, par exemple, certaines données d'état civil du défunt peuvent être enregistrées symboliquement. Les conséquences juridiques ne peuvent résulter que de la voie judiciaire.

212. GPA. S'agissant de la gestation pour autrui, sur le sol européen, la majorité des États l'interdisent, notamment l'Italie, l'Allemagne, l'Espagne, la Suisse, la Bulgarie ou encore le Portugal. À l'inverse, d'autres États l'autorisent, soit à titre gratuit, tels que le Royaume-Uni et l'Irlande, soit à titre onéreux, comme en Ukraine. L'étude se limitera aux conditions des législations britanniques, grecques et belges, qui l'autorisent à titre gratuit, car si la France légalise la GPA, c'est sans doute ce cadre qui sera retenu compte tenu du principe de gratuité.

213. Loi britannique. Tout d'abord, le Royaume-Uni[207] autorise les contrats de gestation pour autrui à titre gratuit, mais les futurs parents peuvent indemniser la mère porteuse de manière raisonnable. Concernant les conditions d'accès à la GPA, elles sont relativement larges, puisque depuis la réforme de 2010, les couples non mariés et de même sexe engagés dans un « *civil partnership* » peuvent y recourir. *A contrario*, les personnes seules sont exclues. S'agissant de la filiation de l'enfant, la mère porteuse peut être ou non la génitrice, le plus important étant que l'enfant ait au moins un lien génétique avec l'un des parents d'intention. La filiation s'établit en deux temps : la mère porteuse, ayant accouché, est juridiquement désignée comme la mère de l'enfant, puis six semaines après la naissance, mais avant l'expiration d'un délai de six mois, le couple peut demander au juge le transfert des droits et devoirs parentaux.

---

207 *Surrogacy Arrangements Act* 1985. Loi de 1990 *Human Fertilisation and Embryology Act*, modifiée en 2008, puis en 2010.

214. Loi grecque. La GPA a été autorisée en Grèce en 2002, puis complétée en 2005[208]. Contrairement au Royaume-Uni, seule la GPA gestationnelle est admise. S'agissant des exigences d'accès, le recours à une mère porteuse est possible à la fois pour un couple hétérosexuel, marié ou non, et une femme seule sous réserve que sa santé ne lui permette pas de porter l'enfant. Les couples homosexuels sont donc exclus. La législation grecque ajoute différentes conditions, telles que la preuve de l'impossibilité de procréer naturellement ou encore l'absence de rémunération, mais les frais de grossesse peuvent être remboursés. Concernant la filiation, la mère d'intention est présumée être la mère de l'enfant à la naissance. Mais cette présomption de maternité peut être renversée par la mère soit d'intention, soit porteuse dans les six mois à compter de la naissance. Autrement dit, la mère porteuse bénéficie d'un droit de rétractation. Si au départ, les textes réservaient le bénéfice de la GPA seulement aux femmes, d'intention ou porteuse, domiciliées en Grèce, en 2014, le législateur grec est revenu sur cette disposition, faisant de cet État une destination prisée du tourisme procréatif.

215. Loi belge. Enfin, certaines législations, néerlandaises ou belges, n'interdisent pas expressément la gestation pour autrui, de sorte que les juges ont pu admettre la validité de certaines conventions de mère porteuse. Malgré l'absence de cadre juridique précis en Belgique, la GPA ne soulève pas un fort contentieux. En pratique, elle est principalement proposée aux couples hétérosexuels, mais certains établissements de santé, une minorité, l'ont ouvert aux couples de même sexe[209]. C'est essentiellement le lien de filiation qui

---

208 Loi du 19 décembre 2002 et du 27 janvier 2005.

209 « Gestation pour autrui en Belgique : aller d'une absence de cadre légal à une interdiction », *Le soir*, 23 sept. 2016 ; http://www.lesoir.be/1324732/article/debats/cartes-blanches/2016-09-23/gestation-pour-autrui-en-belgique-aller-d-une-absence-cadre-legal-une-interdi.

pose des difficultés, puisqu'il faut passer par une adoption pour le modifier. En intervenant, le législateur pourrait simplifier l'établissement de la filiation à l'égard des parents d'intention.

216. Le secret absolu. En dernier lieu, en matière d'anonymat, la position française est une solution isolée. Si pour les bénéficiaires et les pratiques il ne semble pas y avoir de consensus, en revanche le secret absolu français est largement dépassé. La plupart des États admettent au minimum un accès aux données non identifiantes, mais en général ils prévoient un accès à l'identité du géniteur[210].

Plusieurs États, à l'instar de la France, avaient opté pour un secret absolu à l'origine. Toutefois, de nombreuses réformes ont fait trembler le continent européen. Pays-Bas, Suède, Royaume-Uni, Suisse ou encore en 2015 la République d'Irlande, ont levé le secret. Le gouvernement avait très nettement suivi cette tendance dans son projet de loi du 20 octobre 2011[211], en prévoyant que les enfants nés d'un don de gamètes, à leur majorité, pourraient accéder à des informations non identifiantes et identifiantes, sous réserve pour ces dernières que le donneur en soit informé et y consente. Le législateur a cependant balayé cette suggestion, maintenant le secret absolu et restant sourd aux appels de ces enfants sans histoire.

217. L'absence de consensus. En définitive, s'agissant des conditions d'accès et des pratiques autorisées, il ressort que dans les années 2000, plusieurs États ont choisi d'assouplir leur législation, acceptant une finalité non thérapeutique de l'assistance médicale. Certes, pour le moment il n'y a pas de consensus européen, mais le regard de nos voi-

---

210 Sénat, Étude de législation comparée n°186, *L'anonymat du don de gamètes*, Service des études juridiques, sept. 2008.

211 Projet de loi n°2911 relatif à la bioéthique du 20 oct. 2011.

sins, voire celui de la Cour européenne des droits de l'Homme pourrait influencer le regard du législateur français.

B. La position de la Cour européenne des droits de l'Homme

218. L'influence de la jurisprudence européenne. Nul besoin aujourd'hui de démontrer l'influence de la Cour européenne des droits de l'Homme sur la législation française, plus largement sur le sol européen. En effet, comme le soulignait Pierre-Henri Teitgen, « *la Cour européenne* (…) *est une conscience qui sonne l'alarme* »[212]. Même si ses arrêts n'engendrent pas une modification ou une annulation systématique des décisions prises par les États, en général ces derniers se conforment à la volonté européenne, afin de ne pas être discrédités devant les camarades internationaux. La copie est révisée à l'aune des solutions du Professeur européen[213].

En dépit de l'absence de consensus, s'agissant des conditions d'accès à la PMA, il semble que le montage français soit obsolète. En effet, les solutions jurisprudentielles européennes, certes prudentes, fragilisent le droit positif et le conduisent peu à peu vers son terme (1). Toutefois, dans certains domaines le juge européen ne s'est pas encore prononcé (2).

1. Des questions tranchées

219. Trois raisons. Au vu de la jurisprudence de la Cour européenne des droits de l'Homme, il semblerait que le montage français en matière d'assistance médicale à la procréation touche à sa fin pour plusieurs raisons.

---

212 LE MAIGAT (P.), « Enfants nés par GPA et filiation », *Gaz. du Pal.*, 2018, n°10, p. 25.

213 En ce sens, on peut citer en matière de garde à vue l'arrêt *Dayanan c. Turquie*, 13 janv. 2010, req. n°7377/03 ; en matière de liberté sexuelle l'arrêt *K. A et A.D c. Belgique*, 17 fév. 2005, req. n°42758/98, n°45558/99.

220. L'essor de l'autonomie individuelle. En premier lieu, l'essor de l'autonomie individuelle fragilise les exigences actuelles. Trois indices témoignent de cette autonomie grandissante.

221. Premier indice : l'analyse extensive de l'article 8 de la Convention européenne. Tout d'abord, l'analyse extensive de l'article 8 relatif au respect de la vie privée et familiale de la Convention de sauvegarde des droits de l'Homme et des libertés fondamentales pourraient influencer les dispositions actuelles. En effet, ce texte peut revêtir de nombreuses facettes et, selon le Professeur Bioy, on peut les regrouper autour de deux axes : d'un côté, le « *secret de ce qui ne se dit pas en public* », et d'un autre côté, *« la liberté d'être en public ce que l'on choisit d'être en privé* »[214]. Transposé à l'assistance médicale, cela signifie qu'un individu est libre de faire connaître son désir d'enfant et la puissance publique l'aide à réaliser ce désir, en ouvrant assez largement l'accès aux différentes techniques. C'est d'ailleurs dans l'affaire *Dickson* que la Cour européenne a appliqué ce raisonnement, estimant qu'un individu, même détenu et ne pouvant donc élever un enfant, peut recourir à une PMA.

222. Deuxième indice : la conception civiliste. Ce glissement pourrait aussi résulter d'une différence de conception, puisque « *là où la loi érige le motif thérapeutique en exception ouverte à l'artifice médical* », le juge européen préfère « *répondre que le droit à la vie privée suffit* »[215]. Autrement dit, le droit français envisage la PMA sous l'angle d'un accès aux soins, c'est-à-dire une conception médicale, alors qu'aujourd'hui la Cour a une conception civiliste de la PMA. Remarquant cette évo-

---

214 BIOY (X.), « La Cour européenne des droits de l'Homme et l'assistance médicale à la procréation. Jusqu'où ne pas aller trop loin ? », *in* BEIGNIER (B.), DEUMIER (P.), FULCHIRON (H.), LARRIBAU-TERNEYRE (V), sous la direction de BRUGGEMAN (M.), *Mélanges en l'honneur du professeur Claire Neirinck*, LexisNexis, Mélanges, 2015, p. 432.

215 *Ibid.*, p. 430.

lution, le Professeur Neirinck souligne l'impact de celle-ci sur le droit positif, car elle ferait probablement disparaître l'exigence « médicale ». En ce sens, on peut citer deux arrêts qui illustrent que ce glissement affecte la législation française.

D'un côté, le juge européen a ruiné les efforts de la France pour lutter contre la GPA, en se fondant sur la vie privée de l'enfant[216]. Mais on peut douter de la cohérence de la jurisprudence européenne, car le 24 janvier 2017, la grande chambre[217] a absout l'Italie de retirer purement et simplement le nouveau-né d'un foyer. Or, quelques jours auparavant, la France est condamnée[218] alors qu'aucune séparation entre l'enfant et ses parents d'intention n'a été ordonnée. Il y a deux poids deux mesures…[219]

D'un autre côté, en matière de diagnostic préimplantatoire, dans l'affaire *Costa et Pavan* contre Italie, la Cour européenne tranche le litige en écartant l'aspect médical au profit d'une conception civiliste. En l'espèce, les requérants, tous deux porteurs de la mucoviscidose, souhaitaient bénéficier d'un DPI afin de ne pas transmettre cette maladie. D'autant que c'est grâce à leur premier-né qu'ils ont découvert cette pathologie. La législation italienne interdisant l'accès au DPI, le couple n'a donc d'autre choix que de recourir à une interruption volontaire de grossesse chaque fois que l'embryon s'avérerait affecté de la mucoviscidose. S'appuyant sur l'article 8 dont elle fait une analyse extensive, la Cour a considéré que « *le désir des requérants de procréer un*

---

216 CEDH, 26 juin 2014, *Mennesson c. France*, req. n°65192/11, *Labassé c. France*, req. n°65941/11.

217 CEDH, gr. ch., 24 janvier 2017, *Paradiso et Campanelli c. Italie*, n°25358/12 : AJF, p. 93, obs. DIONISI-PEYRUSSE (A.).

218 CEDH, 5ème section, sect., 19 janvier 2017, *Laborie c. France*, n°44024/13.

219 DIONISI-PEYRUSSE (A.), « La conformité de l'article 8 de la Convention EDH de mesures conduisant à séparer un enfant issu de GPA de ses parents d'intention », Note sous CEDH, gr. ch., 24 janv. 2017, *Paradiso et Campanelli* c. Italie, *Droit de la famille*, 2017, n°04, étude 4.

enfant » dépourvu d'une maladie incurable, connue et transmissible, relève de leur vie privée et familiale. Autrement dit, la Cour européenne à une conception civiliste et non médicale. On peut noter qu'elle a choisi de sanctionner l'Italie sur le terrain de l'incohérence, qui revenait à « *préférer le sacrifice d'un fœtus qui est dans le ventre d'une femme à celui d'un embryon qui n'est encore que dans une éprouvette* »[220].

223. Troisième indice : intérêts convergents vs intérêts divergents. Enfin, l'essor de l'autonomie individuelle fragilise les exigences actuelles, car, en présence d'intérêts convergents cette autonomie est renforcée. À l'inverse, en présence d'intérêts divergents, le rôle de l'État se trouve renforcer. S'agissant de la convergence des droits, il convient de différencier les droits de l'enfant au sein du couple et les droits du couple. D'une part, lorsque les deux membres du couple sollicitent une PMA, les prérogatives *de facto* convergent. D'autre part, lorsque les droits de l'enfant rencontrent le monde des adultes, il se peut que cette jonction permette de fermer les yeux sur le comportement condamnable des parents. C'est ainsi que dans les affaires *Mennesson* et *Labassé*, la Cour européenne a distingué le droit à la vie familiale des parents et le droit à l'identité de l'enfant. Elle a considéré que le refus d'établissement de la filiation à l'égard du père portait atteinte au droit à l'identité de l'enfant, mais pas au droit à la vie familiale du père. Cette distinction est bien illusoire, puisque la vie familiale du père se voit nourrie par les intérêts de l'enfant, empêchant l'État de s'appuyer sur sa marge d'appréciation. L'essor de l'autonomie individuelle affaiblit donc le rôle de l'État. En revanche, en présence d'intérêts divergents, le rôle de l'État est renforcé. Pour illustrer ce propos, on peut citer l'affaire *Evans* qui oppose la renonciation unilatérale du compagnon et la demande de la requérante d'effectuer une FIV en dépit du refus. La Cour européenne a

220 MARGUÉNAUD (J.-P.), « Variations européennes sur le thème de la gestation pour autrui », *RTD Civ.*, 2017, n°02, p. 335.

considéré qu'en l'absence de consensus européen, elle ne pouvait imposer une obligation positive au Royaume-Uni d'exiger la poursuite de la PMA, faisant fi du retrait du consentement d'un des membres du couple. En présence d'intérêts divergents, le rôle de l'État se voit donc renforcé grâce à la latitude laissée.

Eu égard à ces développements, il ressort que l'autonomie individuelle ne cesse de croître et cet essor pourrait influencer le législateur français.

224. La réduction de la marge d'appréciation. En deuxième lieu, la réduction de la marge d'appréciation laissée aux États pourrait conduire à l'abandon de certaines exigences françaises.

Le contrôle de proportionnalité, effectué par la Cour européenne des droits de l'Homme, varie selon le type de marge accordé aux États. Dans la sphère de la vie privée, on pourrait penser qu'une grande latitude serait offerte aux États, puisqu'ils peuvent, en matière de mœurs, promouvoir leurs traditions, leur culture. Mais en réalité, il n'en est rien puisque le fameux article 8 de la Convention a développé un véritable « *standard européen* »[221]. L'assistance médicale à la procréation est toutefois le domaine le plus opportun pour rappeler la marge d'appréciation laissée aux États, comme le mentionne la Cour européenne qui considère qu'elle « *n'a pas pour tâche de se substituer aux autorités nationales compétentes pour déterminer la politique la plus appropriée en matière de réglementation des questions de procréation assistée, en particulier compte tenu du fait que le recours aux différentes techniques soulève des questions de morales et d'éthiques sensibles dans un contexte d'évolution rapide de la médecine et de la science : il s'agit d'un domaine dans lequel en principe*

---

221 BIOY (X.), « La Cour européenne des droits de l'Homme et l'assistance médicale à la procréation. Jusqu'où ne pas aller trop loin ? », *in* BEIGNIER (B.), DEUMIER (P.), FULCHIRON (H.), LARRIBAU-TERNEYRE (V.), sous la direction de BRUGGEMAN (M.), *Mélanges en l'honneur du professeur Claire Neirinck*, LexisNexis, Mélanges, 2015, p. 438.

les États contractant jouissent d'une large marge d'appréciation »[222] à la fois dans la décision d'intervenir et dans le cadre normatif à mettre en place.

Malgré ces belles paroles, la Cour européenne n'hésite pas à réduire la marge d'appréciation des États et, en ce sens, on peut citer deux affaires. Dans l'affaire *Costa et Pavan* contre Italie, la remarque de la Cour, qui note que seulement deux pays, dont l'Italie, refusent le DPI, et sa solution, qui conclut à la violation de l'article 8, à l'incohérence de la législation sans faire référence à cette latitude concédée aux États, peuvent témoigner d'une réduction de la marge nationale. S'agissant de la seconde affaire, *S. H et a*[223], la Cour a considéré que le choix de l'Autriche d'interdire le don de gamètes relevait de sa marge d'appréciation. Néanmoins, elle a ajouté que les différences de traitement entre l'accès au don de spermatozoïdes et d'ovules étaient injustifiées. Autrement dit, cette solution réduit implicitement la marge d'appréciation laissée aux États membres en usant de l'argument de la différence de traitement.

Le juge européen souhaite sauvegarder les identités nationales en l'absence de consensus, mais en matière d'AMP, il tend à museler les appréciations des États, modifiant insidieusement les législations.

225. La non-discrimination. Enfin, en dernier lieu, l'argument de la non-discrimination pourrait faire basculer la conception d'une infertilité pathologique à une infertilité sociétale. En effet, il s'avère que la Cour européenne met tous les couples, hétérosexuels et homosexuels, sur un pied d'égalité, car elle considère que « *l'homoparentalité ne fait que révéler un même désir d'enfant et de famille chez toutes personnes indépendamment de leur orientation sexuelle* »[224]. Cette volonté de non-

---

[222] CEDH, 2 oct. 2012, *Knecht c. Roumanie*, req. n°10048/10.

[223] CEDH, 3 novembre 2011, *S. H et autres c. Autriche*, req. n°57813/00.

[224] *Ibid.*, p.441.

discrimination est apparue, dans un premier temps, en matière d'adoption, mais il est fort probable que, dans un second temps, cette même volonté rejaillisse sur la PMA. La Cour de cassation s'est elle-même alignée sur cette conception, puisqu'elle permet l'adoption plénière de l'enfant né d'une IAD à l'étranger par l'épouse de la mère[225].

226. Un droit positif obsolète. Eu égard à ces développements et aux solutions jurisprudentielles européennes, il appert que les choix du législateur français sont de plus en plus menacés. Le montage actuel en matière de PMA semble toucher à sa fin. Néanmoins, dans certains domaines, la Cour européenne ne s'est pas encore prononcée, mais une éventuelle condamnation de la France est à redouter, modifiant *de facto* les dispositions actuelles.

2. Des questions encore en suspens

227. L'absence de solution européenne. Même si la Cour européenne des droits de l'Homme ne s'est pas encore prononcée sur certaines questions, la France ne doit pas pour autant se réjouir. En effet, la menace d'une condamnation plane au-dessus de la tête du législateur. Cette réprimande l'influencerait peut-être, si bien qu'il corrigerait sa copie à la fois en matière de procréation *post mortem* (a) et d'anonymat du donneur de gamètes (b).

a) En matière d'insémination *post mortem*

228. Marge d'appréciation restreinte. À l'heure actuelle, les conditions d'accès à l'assistance médicale à la procréation relèvent de la marge d'appréciation des États membres. En effet, en l'absence de consensus, notamment en matière de procréation *post mortem*, les États bénéficient,

[225] Cass., avis n°G1470006 et avis n°J1470007 du 22 septembre 2014.

en théorie, d'une certaine latitude [226]. La France a fait le choix d'interdire aussi bien le transfert d'embryon que l'insémination artificielle *post mortem.*

Toutefois, il est à craindre que la Cour européenne restreigne cette liberté suite aux solutions jurisprudentielles françaises. Le « *Conseil d'État [ayant] ouvert la voie des exceptions* » dans l'arrêt *Gonzalez-Gomez*, suivi par le tribunal administratif de Rennes « *qui a étendu ces exceptions* », on peut dès lors « *douter que la Cour européenne continue à considérer la question comme relevant* (...) *de la seule marge d'appréciation* »[227] sur le territoire français. Ainsi, il est probable que la Cour restreigne l'exigence d'un couple vivant. D'une part, parce que le juge administratif français a reconnu à deux personnes la possibilité d'exporter les gamètes à l'étranger en vue de réaliser une insémination. D'autre part, parce que le juge toulousain a subordonné l'autorisation à la nationalité étrangère de la requérante, créant une discrimination contraire à l'article 14 de la Convention.

b) En matière de don de gamètes

229. Une hypothétique condamnation. Même si pour le moment la Cour européenne n'a jamais été confrontée à l'histoire d'un enfant né d'un don de gamètes, sa jurisprudence en matière d'accès aux origines est assez bien fournie et laisse à penser que la règle de l'anonymat absolu serait condamnée. Mais ce ne sont que des suppositions.

230. Arguments en faveur d'une condamnation. C'est grâce à l'article 8 relatif au respect de la vie privée et familiale

---

226 Quelques exemples où la marge d'appréciation a pu jouer : en matière d'avortement (CEDH, 16 décembre 2010, *A, B et C c. Irlande,* req. n°25579/05), en matière de PMA (CEDH, 3 novembre 2011, *S.H. et a. c. Autriche*, req. n°, n°57813/00).

227 PRÉVOST-GELLA (J.), « Contrôle abstrait et contrôle concret : les juges confrontés à l'application de la jurisprudence *Gonzalez-Gomez* », *RFDA*, 2017, n°05, p. 855.

analysé extensivement que la Cour protège le droit à l'identité et à l'épanouissement personnel. Toutefois, le juge européen garde une position modérée. Certes, la connaissance des origines personnelles est un élément du droit au respect de la vie privée et familiale garantie par l'article 8 de la Convention européenne[228], mais ce droit ne revêt pas un caractère absolu. En effet, la Cour européenne requiert seulement un juste équilibre entre les droits des parents biolobiologiques (le respect de la vie privée : l'anonymat) et le droit de l'enfant (le respect de la vie privée : la connaissance de ses origines). Dans l'affaire *Odièvre*[229], la requérante née sous X se plaignait de l'impossibilité d'obtenir l'identité de sa mère. La Cour a toutefois considéré que la loi du 22 janvier 2002[230] ménageait un juste équilibre entre les intérêts en présence, car le secret relatif permet à la mère de communiquer son identité. À l'inverse, l'Italie, prévoyant un secret absolu pour l'enfant né sous X, à l'instar de la France lors d'une PMA exogène, a été condamnée par la Cour européenne. Ce parallèle témoigne que la réversibilité du secret n'existe pas pour l'enfant issu d'un don de gamètes. L'absence d'un juste équilibre entre la vie privée de l'enfant et du donneur serait peut-être sanctionnée.

Pour défendre ce secret absolu, la France invoquerait, en outre, différents arguments qui seraient aisément balayés par la Cour européenne. S'agissant de la paix des familles, cet argument semble fallacieux, car lever le secret ne remettrait pas en cause la filiation à l'égard du couple, ni n'impliquerait de « bouleverser » la famille du donneur. Le rapport de Jean Léonetti[231] avait ajouté, pour maintenir l'anonymat en 2011, que le nombre de dons diminuerait inévitablement, alors

228 CEDH, 13 juill. 2006, *Jäggi c. Suisse*, req. n°58755/00.

229 CEDH, gde ch., 13 fév. 2003, *Odièvre c. France*, req. n°42326/98.

230 Loi n°2002-93 du 22 janvier 2002 relative à l'accès aux origines des personnes adoptées et pupilles de l'État.

231 Rapport n°3111 du 26 janv. 2011 sur le projet de loi relatif à la bioéthique.

qu'une pénurie sévissait déjà. Il est probable que la Cour ne tienne pas contre de cet argument, parce qu'elle constaterait que les pays, ayant entrepris cette réforme, ne remarquent pas une baisse significative des dons. Enfin, même l'argument de la marge d'appréciation laissée aux États ne ferait pas le poids puisqu'il appert que dans un rapport du Comité directeur de bioéthique du Conseil de l'Europe[232] le principe d'anonymat du donneur de gamètes est battu en brèche dans les pays d'Europe occidentale.

Au vu de ces développements, il est certain que le droit français, terre isolée en Europe, soit contraire au droit européen, sauf si, lors de la révision de la loi de bioéthique[233], le législateur décide d'abandonner le caractère absolu du secret. En effet, passant d'un secret absolu à un secret relatif, comme en matière d'accouchement sous X, le législateur ménagerait un juste équilibre, échappant à une éventuelle condamnation par la Cour européenne.

231. Une condamnation incertaine. Toutefois, on ne peut affirmer avec certitude l'inconventionnalité de l'anonymat du donneur de gamètes pour deux raisons principales.

D'une part, la Cour européenne ne s'est encore jamais prononcée sur ce sujet délicat. Ainsi, « *nul ne saurait dire avec une absolue certitude jusqu'où le raisonnement de la Cour conduirait exactement* »[234] et il convient donc d'attendre patiemment sa solution en la matière.

D'autre part, l'hypothétique inconventionnalité de la législation française résulte, non pas d'une solution, mais de la

---

232 Rapport du Comité directeur de bioéthique du Conseil de l'Europe du 9 février 2012, CDBI/INF 2005 REV 2.

233 Les États généraux se clôtureront en juillet 2018. En fin d'année, la loi sera débattue devant le Parlement.

234 CRÉPEY (E.), « Anonymat du donneur de gamètes et respect de la vie privée », *RFDA*, 2013, n°05, p. 1051.

transposition d'un raisonnement. Or, un tel exercice revêt des incertitudes, car le juge européen pourrait considérer que la problématique est différente et, *de facto*, la logique de l'enfant né sous X ne s'appliquerait pas à celui issu d'un don. Si le second résulte d'un geste philanthrope, le premier, en revanche, est empreint d'une logique d'abandon, car l'enfant est remis à l'aide sociale à l'enfance (ASE) en vue d'une adoption. La quête de l'enfant est donc différente : l'enfant issu d'un don connaît son histoire, mais il tente seulement de « mettre un visage » sur ses gènes, tandis que l'enfant né sous X cherche les circonstances de « *l'histoire humaine qui a présidé cet abandon* »[235]. Certes, la différence entre l'abandon et le don est importante sur le plan psychologique, mais il semble que cet argument ne suffise pas, sur le plan juridique, à empêcher la Cour européenne d'admettre l'accès à l'identité du donneur, car elle favorise, de jour en jour, le droit de connaître son histoire.

Ces propos ne sont que des suppositions, puisqu'on ne peut prévoir avec certitude l'inconventionnalité de l'anonymat absolu. Toutefois on ne peut nier l'influence de la Cour européenne sur notre droit, peu importe les domaines.

232. Du droit international au droit interne. Après avoir étudié les éléments en droits internationaux qui influenceraient le législateur afin de répondre aux demandes sociétales, il convient de s'intéresser aux incidences nationales.

Section 2. Les influences en droit interne

233. Influences internes. « *Les droits et libertés corporels ne constituent jamais une zone calme du système juridique* »[236], bien au contraire, ils conduisent indubitablement à des débats en-

235 *Ibid.*

236 GALLOUX (J.-C.), « Droits et libertés corporels », *D.*, 2017, n°14, p. 781.

flammés en raison des opinions divergentes. En France, l'assistance médicale à la procréation fait partie des sujets de société les plus vifs, car, intrinsèquement liés à la vie, il divise les foules. Aujourd'hui entre deux révisions de lois de bioéthique, l'actualité s'empare de ce thème. Des colloques[237] se multiplient afin de proposer des pistes. Des questions fusent dans les assemblées. Des voix s'élèvent parmi les Comités et les praticiens (§ 1). De nombreux indices témoignent d'une volonté d'assouplir les conditions d'accès à la PMA et, *de facto*, de mettre un terme à la seule finalité thérapeutique. Dans ce point, seules les principales influences, qui conduiraient à modifier la règle de droit, seront évoquées. Toutefois, ces modifications ne peuvent émaner que du législateur. Ce dernier s'est déjà prononcé en faveur d'un assouplissement (§ 2), mais il convient de nuancer ces propos, car de nouvelles élections ont redistribué les cartes législatives…

§ 1. Les sources

234. Praticiens et Comité. Les professionnels de santé (A), mais également le CCNE (B) se sont exprimés en faveur d'un assouplissement de la PMA. Il se peut que leurs convictions influencent le droit positif.

A. Le « Manifeste des professionnels de santé »

235. Parallèle entre l'IVG et l'AMP. En 1973, 331 médecins ont signé un manifeste où ils assumaient avoir « *pratiqué des avortements ou aidé selon leurs moyens à ce qu'ils soient réalisés, en dehors de tout trafic financier* »[238]. C'était il y a presque cinquante ans, ces professionnels de santé luttaient contre des dispositions légales qu'ils jugeaient injustes et dange-

[237] Colloque du 10 juin 2016 à Metz, « La protection de la personne née d'une PMA impliquant un tiers » ; Colloque du 5 avril 2018 à Le Mans, « Le Droit court-il après la PMA ? ».

[238] FRYDMAN (R.), *Le droit de choisir - Manifeste des médecins et biologistes de la procréation médicale assistée*, Seuil, 2017, p. 11.

reuses. Or, deux ans plus tard, la loi Veil dépénalisait l'avortement en France.

Aujourd'hui, l'histoire se répète au sujet de l'élargissement des conditions d'accès à l'assistance médicale à la procréation. 200 médecins français ont signé un manifeste « *afin que la loi sur la PMA change* »[239]. Ensemble, ils reconnaissent avoir « *aidé, accompagné, certains couples ou femmes célibataires dans leur projet d'enfant dont la réalisation n'est pas possible en France* »[240]. En agissant en leur âme et conscience, ces professionnels de santé cherchent à bouleverser le cadre légal. Mais, à l'instar de l'IVG, seront-ils entendus ?

B. Le Comité consultatif national d'éthique

236. Présentation du CCNE. Créé en 1983 par décret, le Comité consultatif national d'éthique pour les sciences de la vie et de la santé (CCNE) est une autorité indépendante. La première mission du CCNE est de produire des rapports et des avis sur les questions éthiques et de société, dont il est saisi[241].

Actuellement, le CCNE a déjà rendu 128[242], sur des sujets divers, dont la procréation artificielle (1). Mais on peut légitimement s'interroger sur la portée de ceux-ci (2).

1. Les avis relatifs à la procréation artificielle

237. Deux avis. À plusieurs reprises, le CCNE s'est prononcé au sujet de l'assistance médicale à la procréation. Toutefois, cette étude retiendra particulièrement deux avis :

---

239 *Ibid.*, p. 7.

240 Manifeste publié dans *Le Monde* du 17 mars 2016.

241 Les missions et les modalités de saisine du CCNE : C. sant. publ. art. L. 1412-1 ; art. R. 1412-4.

242 Le plus récent date du 16 mai 2018, avis n°128 relatif aux enjeux éthiques du vieillissement. Quel sens à la concentration des personnes âgées entre elles, dans des établissements dits d'hébergement ? Quels leviers pour une société inclusive pour les personnes âgées ?

l'un concerne la procréation *post mortem* (a) et l'autre, plus récent, porte sur les demandes de recours à l'AMP (b).

a) Avis portant sur la demande d'AMP après le décès de l'homme faisant partie du couple

238. Avis n°113. Le 10 février 2011, le CCNE a rendu un avis sur « *la demande d'assistance médicale à la procréation après le décès de l'homme faisant partie du couple* »[243]. Cet avis ébranle à demi l'édifice de la procréation *post mortem*, car il ne soutient que le transfert d'embryon. Afin de justifier cette position, il a affirmé que « *l'homme disparu, on ne voit pas qui ou quelle autorité pourrait in fine faire valoir sur les embryons des droits égaux ou supérieurs à ceux de la femme et s'opposer à son projet dûment éclairé et explicitement énoncé d'entreprendre une grossesse après transfert des embryons congelés* ». Néanmoins, le CCNE subordonnait cette possibilité à trois conditions. Tout d'abord, l'homme devait avoir consenti expressément de son vivant. Il ajoutait en outre des délais minimums et maximums à observer. Enfin, la filiation paternelle était garantie par la loi.

239. Divergence au sein du Parlement. En revanche, cette limitation de l'interdiction ne fait pas l'unanimité au Parlement. À l'occasion de la révision de la loi de bioéthique de 2011, l'Assemblée nationale[244] a tenté de circonscrire l'interdit à l'insémination *post mortem*, parce qu'elle considérait comme « *inhumain d'imposer à la femme de demander la destruction des embryons, d'accepter qu'ils fassent l'objet de recherche ou qu'ils soient transférés à un autre couple* »[245]. À l'instar du CCNE, les députés avaient prévu que l'Agence de la biomédecine autoriserait le transfert sous deux conditions cumulatives : le

---

243 CCNE, avis n°113, 10 fév. 2011, sur la demande d'assistance médicale à la procréation après le décès de l'homme faisant partie du couple.

244 Projet de loi n°2911 relatif à la bioéthique du 20 oct. 2011.

245 LEROYER (A.-M.), « Bioéthique – Caractéristiques génétique – Don d'organes – Embryon – Cellules hématopoïétiques – IVG – AMP – Consentement – Anonymat », *RTD Civ.*, 2011, n°03, p. 603.

consentement préalable du père et le respect d'un double délai. Ce dernier était enfermé dans une période de six mois après le décès du père et au plus de dix-huit mois afin de laisser un temps de réflexion suffisant à la mère. Par la suite, grâce au jeu des fictions, présomption de paternité ou reconnaissance, la filiation était établie facilement et l'enfant pouvait donc hériter de son défunt père.

Si l'interdiction absolue a été maintenue en 2011, c'est parce que Conseil d'État et sénateurs l'entendaient. Ces derniers s'y opposent, car cette autorisation d'une part, porterait atteinte à l'intérêt de l'enfant de naître sans père et, d'autre part, remettrait en cause les principes de la bioéthique, du droit de la famille, ainsi que du droit des successions[246]. Or, eu égard à l'arrêt du 31 mai 2016 en matière d'insémination *post mortem*, qui bouleverse entièrement l'édifice de la procréation *post mortem*, le Sénat semble se retrouver seul contre tous…

Cet avis du CCNE, favorable au transfert d'embryon *post mortem*, n'est pas le seul à suggérer un assouplissement des conditions d'accès à l'AMP. Après s'être intéressé à cette pratique, le Comité a bousculé les « Codes » avec les bénéficiaires.

b) Avis portant sur les demandes sociétales de recours à l'AMP

240. Avis n°126. Le 15 juin 2017, le CCNE a rendu un avis sur « *les demandes sociétales de recours à l'assistance médicale à la procréation* »[247], qui ébranle les dispositions actuelles, parce qu'il entend les revendications de la société et rompt avec les précédentes lois de bioéthique conservatrices.

---

246 Rapport Sénat, n°388 de M. Alain Milon, du 30 mars 2011, p. 84.

247 CCNE, avis n°126, 15 juin 2017, sur les demandes sociétales de recours à l'assistance médicale à la procréation.

Certains auteurs [248] déplorent le peu d'éléments juridiques et l'absence d'aperçus statistiques solides sur lequel le CCNE aurait pu – dû ? – s'appuyer. Dans cet avis, le Comité s'est intéressé à trois points en particulier, à savoir l'autoconservation ovocytaire, la gestation pour autrui et enfin, le recours à l'IAD par des couples de même sexe et des personnes célibataires.

241. L'autoconservation ovocytaire. S'agissant de l'autoconservation ovocytaire chez les jeunes femmes, le Comité s'est prononcé contre, alors que les femmes enfantent de plus en plus tard[249].

À l'heure actuelle, le stockage de ses propres gamètes est limité à deux hypothèses : un traitement qui risque d'altérer la fertilité ou en contrepartie d'un don de gamètes. La liberté des femmes d'agir sur leur corps, leur sexualité, leur reproduction ne cesse de croître, et pourtant, le législateur, ainsi que le CCNE, demeurent méfiants à l'égard de cette autoconservation, qui pourtant bouclerait le cercle de la liberté féminine.

Les femmes qui demandent à recourir à l'autoconservation ont plus de trente ans, elles n'ont pas vu le temps passer et ont oublié leur « tic-tac biologique ». Cette date de péremption, ou obsolescence programmée, les affole et puisque la France leur refuse cette possibilité, ces femmes, qui luttent contre leur sablier physiologique, se rendent dans des États plus permissifs. Elles traversent les frontières belges, espagnoles ou britanniques afin de faire « sauvegarder » leurs ovocytes.

Contrairement à l'Académie nationale de la médecine et le CNGOF, le CCNE est demeuré réticent[250], en dépit de la

---

248 HAUSER (J.), « Comité consultatif national d'éthique », *RTD Civ.*, 2017, n°03, p. 623.

249 37 % ne sont pas mère avant trente ans.

250 CCNE, avis n°126, 15 juin 2017 ; Réticent p. 15 ; Position différente p. 47

liberté professionnelle que cette pratique faciliterait. En ce sens, le Comité a avancé différentes raisons pour consolider son refus, notamment la persistance de doutes quant aux effets, les risques médicaux réels, le coût qu'impliquerait le stockage et enfin, les éventuelles oppressions sociétales et professionnelles que subiraient la femme. Cette dernière dérive sévit déjà aux États-Unis. S'alignant sur Google, Apple et Facebook ont annoncé en 2014 qu'ils prendraient en charge les frais de procédure[251] pour congeler les ovocytes de leurs employées, leur évitant de choisir entre leur vie de famille et leur carrière professionnelle. Ces grandes entreprises, qui cherchent à paraître altruistes, proposent en réalité un modèle qui n'est pas bénéfique aux femmes, mais bel et bien à l'organisation du travail.

Le refus du CCNE en matière d'autoconversation est critiquable, car lever l'interdiction ne signifie pas tout permettre. En encadrant cette technique, on éviterait les débordements précités. Il ne s'agit pas, en premier lieu, de promulguer une procréation « de Jouvence », il conviendrait donc de fixer une limite d'âge pour jouir du transfert de ses gamètes autocongelés. L'âge naturel semble le plus pertinent, bien que des risques médicaux demeurent quant à la grossesse. Afin de préserver ces femmes des désillusions, une information portant sur le fait que cette congélation ne garantit pas la naissance d'un enfant s'avérerait incontournable. Enfin, le financement et le stockage des ovocytes ne devraient pas être supportés en totalité par l'assurance maladie. Une prise en charge modulée pourrait être un bon compromis.

242. GPA. À l'instar de l'autoconservation, le CCNE a refusé de légaliser la gestation pour autrui. Ferme sur ce sujet, le Comité s'est basé, pour se justifier, à la fois sur la situation de la mère porteuse et sur celle de l'enfant issu de

---

251 Jusqu'à 20 000 dollars.

cette pratique interdite. Restant « *attaché aux principes qui justifient la prohibition de la GPA* », il a considéré « *qu'il ne peut donc y avoir de GPA éthique* » et il « *souhaite le maintien et le renforcement de sa prohibition, quelles que soient les motivations, médicales ou sociétales, des demandeurs* »[252].

243. De nouveaux bénéficiaires. En revanche, le CCNE s'est montré favorable à une procréation sans homme. En effet, il soutient l'ouverture de l'IAD à toutes les femmes, qu'elles soient seules ou homosexuelles, car il veut étouffer la « *souffrance induite par une infécondité" résultant d'orientations personnelles* »[253]. Cette proposition est une réelle rupture entre l'AMP d'aujourd'hui et celle de demain. La majorité des membres est en faveur de cet élargissement. Néanmoins il a émis quelques réserves. D'une part, le Comité a estimé que la charge financière ne devrait pas être supportée par l'assurance maladie, mais il n'est pas plus enclin à ce que le coût total soit assumé par ces femmes. D'autre part, sans pour autant donner la priorité aux couples hétérosexuels, souffrant d'une infertilité pathologique, par rapport aux femmes seules ou en couples, il a noté que cette ouverture risque d'aggraver la pénurie actuelle de gamètes.

244. Proposition peu judicieuse. Alors que le CCNE refuse obstinément la gestation pour autrui, il propose d'ouvrir l'IAD à toutes les femmes. Or, cette proposition semble peu judicieuse, voire hypocrite, car nul doute qu'en ouvrant l'assistance médicale à la procréation aux « Femmes », une demande équivalente se profilerait de la part des couples d'hommes pour la GPA. Comme le souligne justement le Professeur Hauser, lorsqu'on « *invoque à*

---

252 CCNE, avis n°126, 15 juin 2017, p. 40.

253 VIALLA (F.), « Assistance médicale à la procréation : avis du CCNE », *D.*, 2017, n°24, p. 1365.

tout bout de champ l'égalité, y compris contre la nature, il faut aller jusqu'au bout »[254] !

245. Portée des avis. En définitive, le CCNE conseille d'assouplir les conditions d'accès à l'AMP, pour les femmes, en couple, célibataire ou veuve. Toutefois, cette procréation sans homme comporte des réserves et engendrera nécessairement d'autres débats, portant sur la GPA ou sur l'insémination *post mortem*, voire sur d'autres exigences. Car, si celles-ci tombent, pourquoi maintenir les autres ? Ces énièmes fissures ébranlent l'édifice de la procréation artificielle, mais quelle est la portée de ces propositions ?

2. La portée des avis

246. L'absence de force normative. Depuis sa création, les avis du CCNE ont fait l'objet de nombreux commentaires, témoignant, certes, de l'importance qu'on leur donne, mais, contrairement à l'Agence de la biomédecine, ils ne sont que consultatifs.

247. Une influence relative. Malgré son absence de force normative, il ne demeure pas moins que le Comité influence le droit français. En effet, il ressort de l'étude de ses avis que les institutions, ou d'autres acteurs, tirent bien souvent des conséquences de ceux-ci.

248. L'organisation d'États généraux alimentant les débats parlementaires. À cette mission de rendre des avis s'ajoute celle de prendre l'initiative et d'organiser les États généraux de la bioéthique. En effet, « *tout projet de réforme* » à la fois sur des questions éthiques et sociétales, « *doit être précédé d'un débat public sous forme d'États généraux* ». À l'issue de ces derniers, un rapport de synthèse est remis à l'OPECST.

---

254 HAUSER (J.), « Comité consultatif national d'éthique », *RTD Civ.*, 2017, n°03, p. 623.

Le 18 janvier 2018, les États généraux[255] ont débuté. Clôturés le 7 juillet 2018, ces débats devront alimenter la prochaine loi de bioéthique qui devrait voir le jour en fin d'année.

§ 2. Les parlementaires

249. Point de vue législatif. En matière de bioéthique, c'est le législateur qui tranche le débat. Il est donc intéressant de se pencher sur des rapports (A) et des propositions de loi (B) afin de connaître son avis. Dans le cadre de cette étude, un seul cas sera traité pour chacun de ses points.

A. Le groupe de travail « Filiation, origine et parentalité »

250. Rapport 2014. En octobre 2013, un groupe de travail « Filiation, origines et parentalité » a été formé en vue d'un projet de loi famille. Composé de vingt-cinq spécialistes, il était présidé par Irène Théry, sociologue, et le rapporteur, Anne-Marie Leroyer, professeur de droit. Le rapport a été rendu public l'année suivante et, même si le projet de loi est enterré, il a le mérite d'aborder des sujets controversés. Ce rapport, fruit d'une profonde réflexion, est divisé en deux volumes.

251. Premier volume. Le premier, « *Réflexion prospective sur la filiation* »[256], s'intéresse notamment à l'assistance médicale à la procréation. Deux suggestions importantes y sont faites. D'une part, le rapport préconise l'ouverture de la PMA aux couples de femmes. D'autre part, le rapport suggère un nouveau mode d'établissement de la filiation pour les enfants nés d'une PMA exogène. Selon le groupe de travail, la création d'une déclaration commune anticipée, « *sans trahir aucun secret médical quant au mode de conception de l'enfant* »

---

255 https://Étatsgenerauxdelabioethique.fr/

256 THÉRY (I.) et LEROYER (A.-M.), « Filiation, origines, parentalité », Odile Jacob, OJ. SC. HUMAINES, 2014, p. 33.

permettrait à ce dernier « *et à lui seul de savoir que sa filiation suppose un engendrement de tiers donneur* »[257].

252. Deuxième volume. S'agissant du second volume, « *Accès aux origines et parentalité* »[258], le texte rompt avec la législation actuelle. En faveur d'un droit à la connaissance de ses origines, le rapport passe d'un secret absolu à un secret relatif pour l'enfant majeur né d'un don de gamètes. Il précise néanmoins deux points, d'une part, « *qu'un droit à la communication de l'identité n'est pas un droit à la rencontre* »[259], et d'autre part, que l'accès à l'identité du donneur n'entraînera aucun lien de filiation à l'égard de ce dernier.

253. Volonté de transparence. Il transparaît de ce rapport une volonté de transparence à la fois pour la filiation et pour l'accès aux origines. Remettant en cause le modèle actuel du « ni vu ni connu » de la PMA, le rapport préconise d'abandonner les illusions et modèles familiaux stéréotypés. S'agissant de la GPA, il se contente de quelques préconisations évasives…

B. La proposition de loi émanant du Sénat

254. Proposition de loi du 18 octobre 2016. À la suite d'un rapport d'information[260] en raison des solutions jurisprudentielles bouleversantes, la proposition de loi, émanant de M. Godefroy, a été enregistrée à la présidence du Sénat le 18 octobre 2016[261]. Ce texte ébranle l'édifice actuel, car il suggère différentes modifications qui contribuent à ce que la PMA ne se limite pas à une finalité thérapeutique. La proposition de loi supprime, en premier lieu, l'alinéa 1er de l'article

---

257 *Ibid.*, p. 84.

258 *Ibid.*, p. 227.

259 *Ibid.*, p. 29.

260 Rapport d'information, n°409 de M. Yves Détraigne et Mme Catherine Tasca, fait au nom de la Commission des lois, du 17 février 2016.

261 Sénat, n°43, le 18 octobre 2016, Proposition de loi modifiant l'article L. 2141-2 du Code de la santé publique relatif à l'assistance médicale à la procréation.

L. 2141-2 du Code de la santé publique, qui prévoit que « *le caractère pathologique de l'infertilité doit être médicalement diagnostiqué* ». Elle remplace, en second lieu, certaines expressions mettant un terme à l'altérité sexuelle. D'une part, le mot « *personne* » succède à « *l'homme et la femme formant le couple doivent être vivants* ». D'autre part, « *par l'homme ou la femme* » devient « *par l'un des membres du couple* ».

255. Motif de la proposition. Cette proposition s'inscrit dans le prolongement de la loi du 17 mai 2013 ouvrant le mariage aux couples de même sexe. M. Godefroy estime, en effet, que cette loi a permis de dépasser « *un ordre du droit qui se fondait sur une norme sociale majoritaire, un modèle familial ignorant la pluralité des modes de parentalité qui existent* (…). *En ouvrant le droit pour les personnes de même sexe d'adopter, la loi a affirmé que les couples homosexuels peuvent former une famille, être parents et élever des enfants. Cette proposition de loi y fait naturellement suite en élargissant la possibilité pour ces couples d'accéder à la parentalité* ». Depuis 1994, le législateur tient à l'illusion qui entoure la naissance de l'enfant. Mais cette proposition fait voler en éclat cette fiction, en élargissant les bénéficiaires d'une PMA.

256. Un renouveau politique. Toutefois, il convient de nuancer ces propos, car depuis le 14 mai 2017, gouvernement et parlement ont changé. S'agissant du premier, pendant sa campagne aux élections, l'actuel Président s'était dit favorable à un tel élargissement[262]. Quant aux parlementaires, nulle certitude sur leur vote. Le changement de majorité chez les sénateurs peut conduire à conserver le modèle actuel. À l'inverse, le nouveau profil des députés pourrait y mettre un terme. Les élections ont distribué de nouvelles cartes. Mais avant que le Parlement ne soit confronté à ce thème délicat en fin d'année 2018, les États généraux se poursuivent.

---

262 A.N, question écrite n°1813 de M. Luc CARVOUNAS.

257. La nécessité de légiférer. Les différents éléments évoqués en droit interne et international pourraient influencer le droit positif. La condition de couple de même sexe est largement acceptée. Si un jour, cette première exception, celle de l'altérité sexuelle, est autorisée, ce ne sera pas la seule exigence à succomber. Toutes les autres seront ébranlées, puisqu'elles découlent d'une finalité thérapeutique. Néanmoins, il reviendra au législateur la lourde tâche de tracer une frontière, afin que nulle ne s'aventure sur les terres des crimes contre l'espèce humaine.

Chapitre 2. Des lois naturelles aux lois de l'Homme

258. D'une infertilité pathologique à sociétale. En dépit des révisions des lois de bioéthique, depuis 1994, l'assistance médicale à la procréation demeure une réponse à une pathologie. Mais les années ont passé et la société a changé. Que fera le législateur après la clôture des États généraux ? Modifiera-t-il les dispositions afin de répondre à un désir d'enfant ? Revenir sur les conditions actuelles de l'AMP remettrait en question la philosophie de cette technique, puisqu'il s'agirait de remédier à une infertilité, non plus d'origine médicale, mais sociétale. La médecine serait donc utilisée afin de satisfaire un désir d'enfant.

259. Droit prospectif. Si l'on considère que l'on peut s'affranchir des lois naturelles, il faudra être vigilant afin d'éviter des dérives. D'une part, si l'on souhaite lever les prohibitions, il conviendrait de bien circonscrire les nouvelles conditions d'accès et les pratiques autorisées (Section 1). D'autre part, il faudrait maintenir certaines prohibitions, à savoir le clonage et l'eugénisme. En effet, le désir des uns et la souffrance des autres, qui encouragent la prédétermination, ne doivent nullement nuire à l'espèce humaine (Section 2). Un jour, le législateur devra cesser de se laisser guider par les émotions ou les caprices de la société afin de ne pas légaliser des pratiques qui instrumentalisent ou prédéterminent l'Homme.

Section 1. Des prohibitions à abroger

260. Interdits levés. En s'affranchissant des lois naturelles, un nouveau modèle de bénéficiaires émergera. Cette création permettrait à de nouvelles familles d'écrire leur histoire, « un conte d'AMP » où la marraine ne serait plus une fée mais un professionnel de santé (§ 2). Néanmoins, l'expression « ils vécurent heureux » ne doit pas être réservée aux parents. Le nouveau-né, dans son berceau, doit pouvoir un jour connaître la genèse de ses origines (§ 1).

§ 1. L'abandon du secret absolu des origines

261. La consécration d'un droit d'accès aux origines. S'agissant de l'accès aux origines, le législateur pourrait lever le voile des deux secrets : la conception et l'identité du géniteur. Dans un premier temps, il pourrait remédier à l'absence de mention du recours à une PMA exogène dans l'acte de naissance. Ce faisant, l'enfant connaîtrait les circonstances de sa conception, mais l'identité du donneur demeurerait hors de sa portée. Cette proposition semble cruelle pour l'enfant et, *de facto*, il serait « *souhaitable que l'abolition du secret de l'AMP s'accompagne d'une levée de l'anonymat* »[263]. En ce sens, sociologues et psychiatres le préconisent[264]. Dans un second temps, l'enfant, à sa majorité, pourrait avoir accès à des données identifiantes et non identifiantes sur le donneur. La création d'un office équivalent au CNAOP, en matière d'accouchement sous X, mettrait en relation l'auteur du don et l'enfant majeur. En précisant à ce dernier qu'un droit à ses origines n'est pas un droit à la rencontre.

262. Promotion et indemnisation. Afin de remédier à la pénurie des dons de gamètes, deux points pourraient être améliorés. D'une part, des campagnes d'informations au niveau local, et non national, pourraient être organisées. Un personnel volontaire, composé de sages-femmes ou de psychiatres, dédié à cet effet dans un établissement, privé ou public, ferait la promotion du don, luttant ainsi contre la désinformation et la pénurie. D'autre part, contrairement au

---

263 DEPADT-SEBAG (V.), « La place des tiers dans la conception d'un enfant né par AMP avec donneur : un secret d'ordre public », *D.*, 2010, p. 330.

264 THÉRY (I.), « Procréations assistées », *Revue Esprit*, 2009, p. 77.

don de sperme, celui d'ovocyte nécessite différentes étapes, telles que des prises de sang et des échographies, mais aussi une anesthésie et une ponction. Le Professeur Frydman propose de compenser cet oubli de la pénibilité en indemnisant, et non en rémunérant, la donneuse, mais cette suggestion se heurte au principe de gratuité[265].

§ 2. L'abandon du modèle traditionnel

263. L'émergence de nouveaux bénéficiaires. S'affranchir des considérations naturelles, un homme « plus » une femme pour concevoir un enfant, conduit à l'apparition d'un nouveau modèle de bénéficiaires. Ce modèle, fondé sur une infertilité sociétale, répond aussi bien au désir des couples de même sexe (A), qu'à celui des femmes seules (B). Toutefois, un tel changement aura inévitablement des conséquences dans d'autres branches du droit (C).

A. L'accès à l'assistance médicale à la procréation aux couples de même sexe

264. Un accès à tous les couples. Deux remarques peuvent être faites s'agissant de l'ouverture de la PMA aux couples de même sexe. D'une part, cette opportunité, s'inscrivant dans la continuité de la loi du 17 mai 2013, permettrait de faire concorder mariage, adoption et PMA. D'autre part, cette ouverture conduirait à dissocier l'assistance médicale de l'infertilité pathologique. Cette dissociation entraînerait logiquement une refonte globale des règles en vigueur : mais ces règles devraient-elles rester dans le Code de la santé publique ou, au contraire, devraient-elles être insérées dans le Code civil ? Le législateur aura donc le choix entre admettre la PMA pour tous les couples de même sexe (1), ou l'admettre seulement pour les couples de femmes (2). Égalité ou rupture d'égalité, telle est la question.

---

265 FRYDMAN (R.), *Le droit de choisir - Manifeste des médecins et biologistes de la procréation médicale assistée*, Seuil, 2017, p. 35.

1. L'égalité : « PMA duo »

265. Égalité : PMA duo. Pour qu'il y ait un accès égal à l'assistance médicale par les couples homosexuels, hommes ou femmes, Amélie Dionisi-Peyrusse propose de créer une *« PMA duo »*[266]. Le projet parental émanerait de deux couples, et non de deux personnes. Les deux couples, d'hommes et de femmes, se partageraient l'enfant. Cette proposition a le mérite d'être égalitaire, mais elle pose différents problèmes.

266. Difficultés de la PMA duo. Tout d'abord, la question de l'établissement de la filiation se posera. Il sera peut-être plus judicieux de créer un nouveau mécanisme, plutôt que d'adapter les dispositions de l'adoption en « une adoption simple 2.0 »[267]. La séparation de l'un des couples, voire les deux, est, en outre, à envisager. Le juge aux affaires familiales devra donc organiser les droits de visite et la vie de l'enfant, en tenant compte de ses liens avec ses quatre parents. Cette situation peut paraître difficile à appliquer, mais il faut garder à l'esprit que, en pratique, l'hypothèse existe déjà à l'article 371-4 alinéa 2 du Code civil, qui prévoit que l'intérêt de l'enfant peut justifier de maintenir les liens avec son beau-parent. Enfin, la question de l'autorité parentale semble être la plus problématique. Doit-elle être étendue aux quatre parents ? Mais cette dilution de l'autorité pourrait être préjudiciable à l'enfant. Doit-elle être réservée aux seuls géniteurs, sous réserve d'une délégation-partage ou d'un autre mécanisme pour les parents d'intention ? Cette solution n'est guère mieux.

---

266 DIONISI-PEYRUSSE (A.), « Brèves remarques sur la question de l'ouverture de l'AMP aux couples de même sexe », *AJ famille*, 2013, n°02, p. 127.

267 L'article 346 du Code civil devrait être modifié, car il fait obstacle à ce qu'un enfant soit adopté, dans un premier temps, par le conjoint de l'un de ses parents, puis dans un second temps, par l'autre. Cass. 1ère civ., 12 jan. 2011, n°09-16.527.

Certes, le projet parental commun de deux couples a le mérite de satisfaire l'égalité, mais il ne semble pas opportun du fait de ses nombreuses faiblesses.

2. L'absence d'égalité : Assistance médicale à la procréation vs Gestation pour autrui

267. Rupture d'égalité. L'ouverture de la PMA ne concernerait, en réalité, que les femmes, dans la mesure où elles peuvent, suite à un don de gamètes, mener une grossesse (a). Cette limite naturelle priverait donc les couples d'hommes de toute chance de paternité, à moins de légaliser la gestation pour autrui (b).

a) L'AMP réservée aux couples de femmes…

268. De nouvelles conditions. L'abandon de l'exigence d'altérité sexuelle impliquerait naturellement de prévoir de nouvelles conditions. S'agissant des bénéficiaires, à l'instar des couples hétérosexuels, il n'y aurait nul besoin d'être mariés pour recourir à une PMA. Quant aux pratiques autorisées, il n'existe aucune raison de restreindre l'accès des couples de femmes à la technique de l'insémination artificielle. Rien ne s'opposerait donc à ce qu'elles puissent recourir à une fécondation *in vitro*.

269. Avantages et inconvénients. Si l'assistance médicale à la procréation était ouverte aux couples de femmes, cette opportunité aurait le mérite d'une part, de simplifier et de sécuriser le parcours de soins en annihilant les déplacements transfrontaliers et, d'autre part, de se conformer à la non-discrimination des couples hétérosexuels et homosexuels.

Cependant, cette ouverture serait subordonnée à l'intervention d'un tiers donneur, qui poserait trois problèmes. En premier lieu, la pénurie de dons de gamètes risque de s'aggraver. Doit-on donner la priorité aux couples souffrant d'une infertilité pathologique ? L'affirmer semble injuste et ne modifierait guère les dispositions actuelles. L'état civil, en deuxième lieu, ne coïncidera plus avec la réalité. Certes on ne pourra plus cacher à l'enfant le secret de sa conception, mais cette avancée sur le chemin de la vérité est relative, car il demeure privé de l'identité de son géniteur. Par ailleurs, eu égard aux progrès scientifiques, il est à craindre qu'un enfant naisse de trois individus : du noyau de l'ovocyte d'une femme, du cytoplasme de l'ovocyte d'une autre et des gamètes d'un donneur. Afin d'éviter de tels débordements, il vaudrait mieux prévoir des limites. En dernier lieu, cette ouverture réservée aux femmes priverait les couples d'hommes des joies de la paternité.

270. Une différence de traitement injustifiée. Pour ouvrir la PMA aux couples de même sexe, le principe d'égalité entre les couples hétérosexuels et homosexuels est souvent invoqué. En effet, ce principe justifierait de mettre un terme à la différence de traitement entre tous les couples.

Or, au sein même des couples homosexuels, hommes et femmes, on crée une différence, puisque les femmes auraient la possibilité de recourir à la PMA, alors que les hommes devraient irrémédiablement se tourner vers la GPA, prohibée. Soit on considère que cette autorisation partielle est discriminatoire, soit on considère qu'il n'y a aucune rupture d'égalité vis-à-vis des couples d'hommes, parce qu'une discrimination suppose que des individus dans la même situation reçoivent un traitement différent. Certes, les deux couples souffrent d'une infertilité sociétale, mais la situation physique diffère, car l'un dispose d'un utérus et pas l'autre.

Toutefois cette analyse est critiquable. On ne peut pas invoquer le principe d'égalité entre les couples homosexuels et hétérosexuels pour autoriser la PMA, puis balayer ce même argument entre les couples homosexuels. Cette approche serait incohérente. Si l'on souhaite une véritable égalité entre tous, il faudrait donc ouvrir la PMA aux

Femmes, mais également autoriser la GPA pour les Hommes.

b) … permettant l'introduction de la GPA pour les couples d'hommes

271. Une GPA juridiquement encadrée. L'argument de l'égalité, qui plaide en faveur de l'IAD pour les couples de femmes, conduit à s'interroger sur la légalisation de la gestation pour autrui. Cette technique effraie parce qu'elle instrumentalise l'Homme, mais il revient à chaque État la lourde tâche de lui donner un cadre juridique afin qu'elle réponde à un besoin éthique. Brièvement, il sera évoqué trois modalités à prendre en compte. En premier lieu, il semble qu'une indemnisation de la mère porteuse soit plus respectueuse du principe de gratuité qu'une rémunération[268]. Le législateur devra aussi se prononcer sur la faculté de rétractation de la mère. Enfin, la filiation de l'enfant devra être abordée, car il faut bien distinguer si la mère porteuse fournit son ovocyte ou si elle se borne à porter l'enfant. Cette question délicate de la filiation maternelle se pose, puisqu'en France la mère est celle qui accouche.

B. L'accès à l'assistance médicale à la procréation aux femmes seules

272. Un accès aux femmes seules. En ouvrant l'accès à l'assistance médicale à la procréation aux couples de même sexe, on rompt inéluctablement avec le modèle de la procréation charnelle. Les considérations naturelles étant évincées, il semblerait bien hypocrite d'écarter les femmes seules, célibataires (1) ou veuves (2), alors qu'elles sont tout autant capables de s'investir matériellement et émotionnellement auprès d'un enfant à naître.

---

268 En matière de recherche biomédicale, la personne volontaire perçoit une indemnisation.

1. L'hypothèse de la femme célibataire

273. Les femmes célibataires. Si l'Homme s'émancipe de l'exigence d'altérité sexuelle, dictée par les lois naturelles, il devrait en faire de même pour la femme célibataire. Pourquoi un couple pourrait mieux élever un enfant qu'une femme seule ? Des dispositifs légaux et même la pratique ont déjà confronté des mères à cette tâche. En ce sens, on peut citer la perte du mari alors que l'enfant est né ou à naître ou encore la faculté d'adopter que le législateur offre aux célibataires. Qu'il soit né ou à naître, l'enfant sera élevé et chéri de la même manière.

274. Inconvénient. Toutefois, cette légalisation au profit des célibataires s'accompagne des mêmes difficultés que les couples de femmes au sujet du donneur. D'une part, la pénurie des dons risque de s'aggraver. D'autre part, l'anonymat absolu empêchera l'enfant d'avoir accès à l'identité de son père biologique. *Quid* d'un père d'intention ? L'établissement de la filiation maternelle ne posera aucun problème, en revanche, la branche paternelle étant vide, plus tard, rien n'empêche un homme de le reconnaître.

275. Veuve et célibataire. Mère Nature exige des parents vivants pour procréer, mais si la PMA ne relève plus d'une finalité thérapeutique, pourquoi la limiter au vivant ? Cette exigence pourrait s'envoler car, quelle raison donner afin de refuser à une veuve d'être inséminée par le sperme de son bien aimé défunt, alors qu'elle pourrait enfanter avec les gamètes d'un inconnu…

2. L'hypothèse de la veuve

276. Les femmes veuves. Les dispositions actuelles en matière de procréation *post mortem* sont critiquables (a). Ainsi, à l'instar de Rome qui ne s'est pas construite en un jour, le législateur construira peut-être, pierre après pierre, l'édifice de la procréation *post mortem* (b), qu'il encadrera strictement (c).

a) Les critiques du droit positif

277. Un droit positif contestable. Le droit positif fait échec à toute demande de procréation *post mortem*, sans différencier l'insémination artificielle et le transfert d'embryon, bien que nombre d'instances, dont le CCNE, se sont prononcées en faveur de la seconde technique. Les dispositions actuelles sont critiquables selon quatre points de vue différents[269].

278. Le point de vue de la mère. En premier lieu, l'interdiction législative aboutit à une situation sévère, voire cruelle pour la veuve qui doit à la fois porter le fardeau de la perte de son compagnon et choisir le destin de l'embryon. Si on autorisait la procréation *post mortem*, mais que celle-ci se soldait par un échec, ce nouveau deuil ne serait-il pas lui-même cruel ? Certes une énième perte la bouleverserait, mais la veuve aurait choisi en connaissance de cause. Ne vaut-il mieux pas tenter sa chance plutôt que de vivre dans le regret ? Par ailleurs, du vivant de l'homme, l'avenir de ces embryons appartenait au couple. Or, « *au nom de quel principe* » peut-on « *retirer à la femme sa capacité de décision envers un enfant né ou à naître* »[270] ? Ainsi, on peut se demander si la décision, de poursuivre ou non le projet parental, ne relèverait-elle pas du respect de la vie privée et familiale de la veuve garanti par l'article 8 de la Convention européenne.

279. Le point de vue de l'enfant. En second lieu, il convient de prendre en compte le point de vue de l'enfant. Dans certaines situations, l'enfant peut naître orphelin de père, parce que ce dernier est décédé pendant la grossesse ou l'enfance. Lors d'une procréation *post mortem*, ce qui heurte

---

269 BLANC (N.), « La procréation *post mortem* ouverte aux veuves ? », *in* MARAIS (A.) (dir.), *La procréation pour tous ?*, Dalloz-Sirey, Thèmes et commentaires, 2015, p. 47.

270 DEPADT-SEBAG (V.), « La procréation *post mortem* », *D.*, 2011, n° 32, p. 2213.

certaines valeurs morales, c'est que l'enfant naît orphelin sciemment, et non accidentellement.

La question s'avère délicate, car il est à craindre d'une part, que l'enfant soit perçu comme « *l'enfant né du deuil* » ou comme un « *substitut du défunt* »[271] et, d'autre part, que les circonstances de sa naissance aient un impact sur son état psychologique, comme tout enfant qui a perdu un parent.

Mais ces arguments sont discutables à plusieurs égards. Tout d'abord, tout enfant, qui a perdu, un parent en garde nécessairement des séquelles. En outre, lors d'une procréation *in extremis*, l'enfant est aussi privé du père. La seule différence qui existe entre ces veuves, c'est le manque de temps et de chance. En effet, on permet à l'une que son enfant naisse orphelin et pas à l'autre. Cette différence semble injuste. Enfin, il est avancé hypocritement, pour refuser la procréation *post mortem*, que l'enfant ne rencontrera jamais son père. Paradoxalement, il est toléré que l'enfant issu d'un don ne connaisse, ni ne rencontre jamais son géniteur en raison du secret absolu. « *Qu'il s'agisse d'histoires vraies ou de fictions (...), l'histoire est essentielle au développement psychique, dans la mesure où il établit des liens et (...) permet surtout de se situer dans une continuité et une temporalité* »[272]. Il est donc essentiel pour un enfant de connaître son histoire. L'enfant né d'une procréation *post mortem* peut se situer autant dans la continuité que dans la temporalité, car « *l'enfant saura qui est son père* »[273] décédé. Autrement dit, il vivra dans la nostalgie des souvenirs de ses proches qui lui parleront du défunt. Cette légitimité est toutefois refusée à l'enfant né d'une PMA exogène, qui ne peut construire sa propre histoire sans ses origines.

---

271 CCNE, avis n°113, 10 fév. 2011, la demande d'assistance médicale à la procréation après le décès de l'homme faisant partie du couple, p. 10.

272 FINE (A.), JORDANA (H.), NEIRINCK (C.) et PÉDUSSANT (S.), *L'enfant a-t-il droit à son histoire ?*, Edition Erès, 1999, p. 84

273 CCNE, avis n°113, 10 fév. 2011, p. 7.

Lorsqu'on déclenche un protocole, il ne s'agit pas de faire naître un orphelin. En réalité, il s'agit de permettre la poursuite d'un projet parental commun.

280. Le point de vue de la société. En troisième lieu, le point de vue de la société est à considérer s'agissant du rôle du père. Certains craignent son effacement, cette crainte s'avère contestable, puisque, paradoxalement, on autoriserait une procréation sans homme, pour les célibataires et les couples de femmes, effaçant la branche paternelle. Or, en l'occurrence, pour une procréation *post mortem*, l'enfant « *aura sa place généalogique dans la lignée paternelle* »[274]. Nul effacement du rôle du père n'est à redouter.

281. Le point de vue du défunt. Enfin, le dernier point de vue à étudier est celui du défunt, qui aura, au préalable, donné son consentement pour l'usage de ses gamètes ou de l'embryon. Le projet parental étant confirmé, on ne voit pas pourquoi on ne devrait pas suivre ses dernières volontés…

b) Une législation en trois étapes

282. Droit prospectif. Au regard de ces différents arguments, il apparaît que l'interdiction de procréation *post mortem* est critiquable. Le législateur pourrait donc modifier la législation en trois étapes.

283. L'autorisation d'exportation. Dans un premier temps, le Parlement pourrait maintenir la prohibition de la procréation *post mortem*, mais autoriser l'exportation des gamètes et des embryons dans un État plus permissif. Cette étape a le mérite d'être un premier pas vers la levée de l'interdiction, mais elle est bien hypocrite, car, d'une part, elle fragiliserait l'interdit, en lui permettant de produire des effets en France, et d'autre part, à l'instar de la jurisprudence au

---

274 CCNE, avis n°113, 10 fév. 2011, p. 7.

sujet de l'IAD pour les couples de femmes, on tolérerait implicitement cette pratique.

284. L'autorisation du transfert d'embryon. Dans un deuxième temps, en s'inspirant du projet de loi de 2011, le législateur pourrait restreindre la procréation *post mortem* au transfert d'embryon. Ce dernier aurait lieu sous certaines conditions, à savoir le consentement écrit du défunt, le respect de délais et l'absence de causes justifiant un refus d'implantation[275].

Ces différentes exigences balaieraient les prétendus problèmes liés à la filiation et à l'héritage. S'agissant du premier, le consentement du défunt pourrait emporter un établissement de la filiation paternelle et être assorti d'une fin de non-recevoir. Mais le législateur peut également choisir que des démarches administratives soient entreprises, comme au Royaume-Uni. Ainsi, le père pourrait être soit le géniteur suite à la demande de la mère à l'autorité judiciaire, soit un père d'intention par le biais d'une reconnaissance. Quant à la qualité d'héritier de l'enfant, il existe, certes, en droit des successions le principe que seules les personnes nées vivantes et viables, lors du décès du *de cujus*, peuvent hériter ; mais il souffre d'une exception. En effet, l'adage *infans conceptus* pourrait être étendu à l'enfant conçu *in vitro*, dès lors qu'il naîtrait vivant et viable. Autrement dit, si un enfant naît suite à un transfert d'embryon *post mortem*, il serait réputé né, dès sa conception, chaque fois qu'il irait de son intérêt.

285. L'autorisation de l'insémination. Dans un troisième temps, le législateur pourrait se demander s'il est réellement nécessaire de distinguer le transfert d'embryon *post mortem* et l'insémination *post mortem* ? L'existence d'un embryon avant la mort modifie-t-elle la solution ? Pour la

---

275 Par exemple, un mariage ou un remariage justifierait un refus d'implantation (inspirée du projet de loi de 2011).

majorité[276], cette distinction est essentielle, puisqu'elle n'autorise que le transfert d'embryon. À l'inverse, les professionnels de santé, notamment les responsables de CECOS, ne font pas cette différence, car ils craignent que les patients malades réclament des fécondations *in vitro*, ce qui impliquerait trop d'embryons congelés…

Cette mise à l'écart est contestable à trois égards. Tout d'abord, embryon ou gamète, le curseur n'est pas à placer là, mais bien au niveau de l'intérêt de l'enfant. Or, les arguments invoqués pour légaliser le transfert d'embryon – projet parental commun et consentement du défunt – sont transposables à l'insémination *post mortem*. De plus, la plupart des États qui admettent cette pratique ne distinguent nullement les deux situations. Enfin, le Conseil d'État a déjà ébranlé l'édifice de la procréation *post mortem* en permettant l'exportation de gamètes en vue d'une insémination en Espagne. La jurisprudence fragilise l'édifice, frappant sur le point le plus faible des remparts. Dès lors, il semblerait plus judicieux d'admettre la procréation *post mortem* dans sa globalité.

c) Des conditions strictes

286. Conditions d'accès. Légaliser la procréation *post mortem* impliquerait d'en encadrer le recours. À cet égard, le législateur peut choisir d'énoncer une règle de droit générale et abstraite ou opter pour « du cas par cas ». De prime abord, la seconde solution semble plus satisfaisante, mais elle pourrait devenir arbitraire. Il vaudrait donc mieux poser des conditions claires. Parmi les exigences à fixer, certaines seront évidentes, alors que d'autres s'avéreront plus délicates.

287. Conditions évidentes. S'agissant des conditions évidentes, elles sont de deux ordres. En premier lieu, le consentement écrit du père serait obligatoire pour achever le

---

276 Notamment le CCNE, l'OPECTST ou encore l'Agence de médecine.

projet parental. En second lieu, la procréation *post mortem* devrait être enfermée dans des délais de réflexion et de réalisation stricts. Le délai de réflexion s'imposerait à la mère afin d'éviter des « *décisions irrationnelles prises sous l'empire de la détresse résultant du décès* »[277] du compagnon. Dans les autres États, il varie entre trois et six mois, mais, bien souvent, la veuve renonce à son projet à l'issue de ce délai. Quant au délai de réalisation, il devrait être à la fois précis et court, entre un et deux ans, afin que l'enfant ne naisse pas trop longtemps après le décès.

288. Conditions délicates. Concernant les conditions délicates, elles seront succinctement évoquées, mais le législateur devra les aborder avec prudence. Tout d'abord, le CCNE prévoit que la mère devrait déjà avoir des enfants[278], or une telle exigence semble sans fondement. De plus, si on imagine un embryon conçu grâce au spermatozoïde du défunt et à un ovocyte d'une donneuse, à l'instar d'une GPA gestationnelle, la mère ne serait que la gestatrice. Pourrait-elle quand même prétendre à un transfert *post mortem* ? Lorsque plusieurs embryons ou gamètes ont été congelés, la mère pourrait-elle les utiliser en cas d'échec ? si oui, combien de tentatives seraient accordées ? On peut également se demander si la mère pourrait recourir plusieurs fois à cette pratique.

---

277 BLANC (N.), « La procréation *post mortem* ouverte aux veuves ? », *in* MARAIS (A.) (dir.), *La procréation pour tous ?*, Dalloz-Sirey, Thèmes et commentaires, 2015, p. 50.

278 CCNE, avis n°113, 10 fév. 2011, p. 9.

Et enfin, *quid* de l'enfant, pourrait-il invoquer un préjudice moral contre sa mère pour être né sans père[279] ?

Il appert que la reconnaissance de la procréation *post mortem* n'est pas simple à fixer et le législateur devra se montrer clair et vigilant.

289. Conséquences de la légalisation. Légaliser la procréation *post mortem* aura indubitablement une incidence sur d'autres branches du droit. S'agissant du droit de la filiation, l'établissement de la branche paternelle pourrait résulter du consentement du défunt ou de démarches administratives. Quant au droit des successions, le législateur pourrait prévoir des délais de réflexion et de réalisation courts, afin de « paralyser » la succession jusqu'à la naissance de l'enfant, sans porter atteinte au droit des autres héritiers.

C. Les conséquences de nouveaux modèles familiaux

290. Conséquences. Les modifications des conditions de l'assistance médicale à la procréation auront nécessairement une incidence dans d'autres domaines, notamment en droit de la filiation (1) ou encore en droit du travail (2).

1. En droit de la filiation

291. Réforme de la filiation. Nul doute que l'accès à l'assistance médicale à la procréation aux femmes, seules ou en couples, aura une incidence sur le droit de la filiation. Une

---

[279] Certes, la loi du 4 mars 2002 a enterré la jurisprudence Perruche en prévoyant que « *nul ne peut se prévaloir d'un préjudice du seul fait de sa naissance* » (Article 1er de la loi du 4 mars 2002 relative aux droits des malades et à la qualité du système de santé ; Cass., ass. plén., 17 novembre 2000, *Perruche*, *Bull. ass. plén.* n°9), mais, en 2010, la Cour de cassation a admis la réparation du préjudice moral subi par l'enfant issu d'un viol incestueux. L'enfant a ainsi demandé réparation à son géniteur en considérant que le préjudice ne résultait pas seulement de la naissance (Crim. 23 septembre 2010, n°09-84-108 ; *Bull. crim.* n°141 ; Crim. 23 septembre 2010, n°09-82.438, *Bull. crim.* n°139). En admettant la procréation *post mortem*, le débat pourrait être relancé.

réforme sera donc attendue en ce sens. Afin d'établir la filiation d'un enfant né d'une PMA, le législateur aura le choix entre « recycler » des mécanismes ou en créer.

292. Recyclage : l'adoption. Pour une fois, on ne saurait que conseiller le législateur d'oublier l'écologie, car, certes, reprendre le mécanisme de l'adoption consacrerait la solution dégagée par la Cour de cassation dans ses avis du 22 septembre 2014, mais la finalité de cette institution est de donner une famille à un enfant qui n'en a pas.

293. Création : la déclaration commune anticipée. Il serait donc préférable de créer un nouveau mode d'établissement de la filiation pour les enfants nés d'un don, comme le suggère le rapport du groupe de travail « Filiation, origines, parentalité ». Ce dernier propose la création d'une déclaration commune anticipée, qui présenterait une certaine simplicité, car par cette déclaration les femmes, en couples ou seules, exprimeraient à la fois leur consentement à la PMA et leur volonté d'être les parents de l'enfant.

Toutefois, cette déclaration serait lourde de conséquences. En premier lieu, on peut se demander si l'enfant né d'une PMA, sollicitée par un couple hétérosexuel, devra aussi établir sa filiation grâce à une déclaration commune anticipée. Si la réponse est positive, il conviendra de modifier les règles de droit de la filiation de tous les enfants issus d'une PMA. En second lieu, l'établissement de la filiation des enfants nés de couples hétérosexuels varierait selon la présence ou non d'une PMA. En l'absence de PMA, le jeu des fictions juridiques, présomption de paternité et reconnaissance, s'appliquerait. À l'inverse, en présence d'une PMA, elle s'établirait grâce à la déclaration commune anticipée. Autrement dit, l'établissement de la filiation dépendrait du mode de conception, impliquant que celui-ci soit révélé à l'officier d'état civil. Mais certains verront d'un mauvais œil l'entrée de l'État « *dans les chambres à coucher* »[280].

2. En droit du travail

294. Réforme en droit du travail. Les changements évoqués en matière d'AMP auront nécessairement une incidence en droit du travail, qu'il s'agisse d'un ou d'une salarié(e).

295. PMA et congé paternité. Selon l'article L. 1225-35 du Code du travail, après la naissance de l'enfant, « *le père salarié ainsi que, le cas échéant, le conjoint salarié de la mère ou la personne salariée liée à elle par un pacte civil de solidarité ou vivant maritalement avec elle bénéficient d'un congé de paternité et d'accueil de l'enfant de onze jours consécutifs* ». Le texte utilise le terme de « personne » visant aussi bien un homme qu'une femme. Si la PMA est autorisée pour les couples de même sexe, le droit du travail sera donc déjà adapté.

296. GPA et congé maternité. Le 18 mars 2014, la Cour de justice de l'Union européenne[281] a dû se prononcer sur la question de savoir qui de la mère porteuse ou d'intention peut bénéficier du congé maternité. Aucune obligation ne pesant sur les États de prévoir un tel congé, elle n'a pas tranché cette question dont le sujet est controversé.

297. La nécessité d'une réforme globale. L'insertion de ces nombreux changements ne sera pas aisée et une réforme globale sera nécessaire afin de tout harmoniser. Or, il est à craindre que ce soit un texte isolé, à l'instar de la loi du 17 mai 2013 ouvrant le mariage aux couples de même sexe. Une fois de plus, des textes isolés cherchent à satisfaire les

---

280 TRUDEAU (P.-E.) ; Projet de loi Canadien de 1967 afin de décriminaliser l'homosexualité et légaliser l'avortement.

281 CJUE, 18 mars 2014, *C. D. c. S. T*, aff. C6167/12 ; CJUE, 18 mars 2014, *Z. c. A Government Department and the Board of Management of a Community School*, aff. C-363/12.

demandes de Pierre, Paul, « Jacqueline » sans pour autant s'inscrire dans une perspective plus globale... Si le législateur choisit d'entreprendre cette réforme, l'assistance médicale à la procréation n'aura plus uniquement une finalité médicale. De fait, la législation sur l'AMP doit-elle rester dans le Code de la santé publique ? En effet, le glissement d'une PMA thérapeutique à une PMA sociétale entraînerait certainement un glissement du Code de la santé publique au Code civil, puisque le caractère médical est abandonné au profit d'un caractère familial, sociétal. Changeant de visage, l'AMP répondra aux demandes de la société. Une à une, les exigences tomberont. Néanmoins, certaines devront demeurer éternelles pour ne jamais prédéterminer l'Homme.

Section 2. Des prohibitions à maintenir

298. Interdictions perpétuelles. La volonté de l'Homme de maîtriser Mère Nature, que ce soit la vie végétale, animale, voire sa propre espèce, génère des risques nouveaux. Or, cette volonté de maîtriser la génération de ses paires est indubitablement susceptible d'affecter l'espèce humaine. D'une part, le mythe du clonage reproductif ne cesse de l'effrayer et de le fasciner. D'autre part, il a toujours sélectionné les espèces, animales ou végétales, et la tentation de sélectionner, cette fois-ci, ses pairs – en choisissant des embryons exempts de toute maladie – devient de plus en plus grande. L'émotion le guide à la fois sur la voie du clonage reproductif et sur celle de l'eugénisme. Cependant, il n'a qu'une frontière à franchir, celle de la prédétermination, pour porter atteinte à toute l'espèce humaine (§ 1). En attendant, l'Homme poursuit ses expériences. Une nouvelle technique, la greffe d'utérus, émerge, posant aussi des questions éthiques et juridiques (§ 2).

§ 1. L'incitation à commettre un crime contre l'espèce humaine

299. Clonage et eugénisme. Depuis quelques années, l'Homme « *est aveuglé par la maîtrise qu'il croit avoir de la nature, les risques naturels, inondation, ouragan, sécheresse, canicule, sont devenus* » intolérables pour lui. « *Imbu de son propre pouvoir, [il] refuse son impuissance face aux éléments* »[282], face à la mort, face à la maladie. Son sentimentalisme le pousse, et le poussera irrémédiablement, dans les confins de l'eugénisme. En effet, voir un enfant souffrir et savoir qu'on peut lui épargner de telles souffrances, le conduira sur cette dangereuse pente (A). Quant au clonage reproductif humain, la perte d'un être cher suscitera probablement la cupidité des scientifiques et le déni des familles (B). Afin d'éviter que de telles dérives ne se produisent, il reviendra au législateur, lui-même un homme, de ne pas se laisser attendrir…

A. Le glissement de l'enfant « bien portant » vers l'enfant « mieux portant »

300. Une finalité stricte. Il est rappelé brièvement que le diagnostic préimplantatoire consiste en l'analyse d'embryons, afin de sélectionner ceux dépourvus de la pathologie recherchée. Le DPI n'est proposé qu'aux couples qui risquent de transmettre une maladie génétique « *d'une particulière gravité reconnue comme incurable* » à l'enfant, telle que la mucoviscidose ou la myopathie de Duchenne.

Ces conditions restrictives, posées par le législateur, se comprennent aisément, car elles tendent à éviter la sélection humaine, plutôt que naturelle. La finalité du diagnostic préimplantatoire n'est pas de ressembler à un supermarché où un couple, sans anomalie, poussant son caddie dans les rayons de la biologie, choisirait les caractéristiques de

---

282 MATHIEU (B.), *La bioéthique*, 1ère éd., Dalloz, Connaissance du droit, 2009, p. 60.

l'enfant « parfait », le sexe, la couleur des yeux et des cheveux. À l'heure actuelle, la finalité du DPI est clairement thérapeutique puisqu'il « *ne peut avoir d'autre objet que de rechercher* »[283] l'affection redoutée. Seules les maladies particulière-particulièrement graves et incurables sont visées.

301. L'incertitude des termes. Or, l'imprécision des termes utilisés laisse planer une incertitude, qui pourrait engendrer une étincelle d'eugénisme comme deux éléments le prouvent. D'une part, les expressions « *particulière gravité* » et « *incurable* » n'étant pas précisées, il revient au législateur de poser des limites, qu'il peut lever à son aise. Afin d'illustrer ces propos, la situation d'une personne diabétique sera analysée. S'agissant du caractère incurable, médicaments et insuline ne soignent aucunement le diabète et modèrent seulement ce mal. Quant au critère de la particulière gravité, la frontière est mince. Il suffit que le vent tourne pour que la pathologie soit qualifiée ainsi, car le diabète peut être à l'origine de maladies cardiovasculaires ou encore d'insuffisance rénale. D'autre part, l'absence de liste des pathologies visées permet ainsi d'étendre facilement l'application du DPI.

Combien de temps faudra-t-il avant que les personnes handicapées soient considérées comme souffrant d'une maladie d'une particulière gravité ? S'il est possible de choisir sa progéniture, n'importe qui choisirait un enfant « bien portant ». En voulant ce dernier, on risque de glisser vers la volonté d'un enfant « mieux portant ». La frontière de l'eugénisme serait alors franchie.

302. Systématisation et instrumentalisation. Cette défiance à l'égard du diagnostic préimplantatoire résulte de la crainte que cette technique conduise, peu à peu, vers un eugénisme. Deux indices témoignent de cet éventuel glissement.

---

[283] C. santé publ., art. L. 2131-4, al. 6.

En premier lieu, le recours récurrent au DPI pourrait faire naître un phénomène de systémisation, qui finira par modifier l'espèce humaine. Après avoir « repéré » la maladie dans les embryons, le DPI « élimine » tous ceux porteurs de l'affection. Cette élimination des gênes redoutés modifie nécessairement l'espèce humaine, puisqu'ils sont voués à disparaître.

En second lieu, le but fort louable du DPI est entaché par l'instrumentalisation de l'Homme. En ce sens, on peut citer le DPI dans l'intérêt d'autrui. Sans méconnaître ou diminuer les souffrances endurées par les parents et le premier enfant, le désir de sauver celui-ci témoigne d'une instrumentalisation, puisque l'embryon, futur enfant, est envisagé comme un remède. Le cadet semble davantage être un moyen, guérir l'aîné, plutôt qu'une fin. La logique utilitariste du législateur oublierait-elle que de cette pratique naît un bébé ? Le CCNE a tenté de se convaincre que « *permettre qu'un enfant désiré représente un espoir de guérison pour son aîné est un objectif acceptable s'il est second* »[284]. La réalisation du diagnostic est certes soumise à la délivrance d'une autorisation par l'Agence de la biomédecine[285], mais ce n'est pas une garantie suffisante pour trois raisons. Tout d'abord, aucun professionnel n'est en mesure de cerner si le désir d'un second enfant n'est pas subordonné à la nécessité de soigner le premier. Ensuite, nul n'est à l'abri d'un désir qui évolue : la volonté de guérir éclipsant le désir d'un second enfant. Enfin, si on met de côté le désir des parents, que ressentira le nouveau-né ? On ne peut faire abstraction des sentiments qui pourront hanter cet enfant qui se considérera peut-être comme un moyen plutôt que comme une fin.

---

284 CCNE, avis n°72, 4 juill. 2002, Réflexions sur l'extension du diagnostic préimplantatoire ; DORSNER-DOLIVERT (A.), « De l'interdiction du clonage à la réification de l'être humain Loi n°2004-800 du 6 août 2004 », *JCP G*, 2004, n°44, doctr. 172.

285 C. santé publ., art. L. 2131-4-1 *in fine*.

Pour certains, l'eugénisme se limiterait à sa dimension collective. En réalité, ils ferment les yeux sur une autre facette de l'eugénisme, qui peut également « *être le résultat collectif d'une somme de décisions individuelles convergentes, prises par les futurs parents, dans une société où primerait la recherche de l'enfant parfait ou du moins indemne de nombreuses affections graves* »[286]. N'est-ce pas l'intolérable qui est toléré à travers le diagnostic préimplantatoire ?

303. Disparition de la trisomie 21. Le législateur a entendu éviter le risque de dérives eugéniques, mais déjà des voix s'élèvent afin d'élargir le recours au DPI, menant inexorablement vers cette pratique tant redoutée. Dans un avis du 15 octobre 2009, le CCNE a entrouvert une dangereuse brèche, en recommandant de lever « *l'interdiction de rechercher une trisomie 21 à l'occasion d'un DPI* »[287]. Autrement dit, plus aucune personne atteinte de trisomie ne pourrait naître. Cet exemple matérialise le passage de la théorie à la pratique. Or, cette première faille ne serait probablement pas la dernière et ne cesserait de grandir. Peu à peu, une sélection humaine s'opérerait. Toutefois, il convient de nuancer ces propos eu égard aux incohérences du législateur. Pendant sa grossesse, la femme peut effectuer un diagnostic anténatal qui révélera cette pathologie. Une IMG peut alors être réalisée…

Vigilance et méfiance à l'égard du DPI doivent donc être gardées à l'esprit afin que son objectif louable ne glisse pas progressivement d'un « *trait héréditaire à incidence morbide ou vitale vers celle de trait héréditaire non conforme à la norme* »[288]. Mais

---

286 Rapport du Conseil d'État, *La révision des lois de bioéthique*, mai 2009, p.30 ; Commenté par J-R. Binet. BINET (J.-R.), *Droit de la bioéthique*, 1ère éd., L.G.D.J., Manuels, Droit privé, 2017, p. 142.

287 CCNE, avis n°107, 15 oct. 2009, sur les problèmes éthiques liés aux diagnostics anténatals : le diagnostic prénatal (DPN) et le diagnostic préimplantatoire (DPI), p. 20.

288 DORSNER-DOLIVERT (A.), « De l'interdiction du clonage à la réification de l'être humain Loi n°2004-800 du 6 août 2004 », *JCP G*, 2004, n°44, doctr. 172.

l'émergence d'un droit à un enfant sain, apportant dans son sillage un eugénisme, n'est pas la seule technique à craindre.

B. Le bon, la brute et le « clone »

304. Généralités. Le clonage reproductif humain suscite un mélange de fascination et de peur, les arguments en faveur et défaveur se bousculent. Mais l'interdit est fragilisé par de nouvelles techniques autorisées (1). Qu'adviendrait-il alors si un enfant-clone naissait un jour (2) ?

1. Un interdit fragilisé

305. Interdiction vs autorisation. Dans cette bataille contre « la guerre des clones », des arguments fusent qu'ils soient en faveur ou en défaveur.

306. En défaveur. La réprobation de cette pratique repose sur différents arguments. Tout d'abord, elle ne répondrait nullement à une nécessité thérapeutique ou scientifique. En outre, elle ferait courir des risques à l'enfant-clone. Enfin, la dignité de cet enfant serait violée[289].

Contrairement aux deux premiers arguments, qui justifieraient une interdiction provisoire, le principe de la dignité humaine imposerait une interdiction permanente. Or, la portée de ce principe se voit considérablement affaiblie par les autorisations du législateur. En ce sens, la stérilisation des personnes sous tutelle ou le diagnostic préimplantatoire démontrent une logique eugénique en dépit de la dignité.

307. En faveur. S'agissant des arguments pour soutenir le clonage reproductif humain, ils peuvent reposer sur des raisons mystiques, notamment la recréation d'un enfant décédé ou encore l'immortalité, sur des prétextes médicaux, telles que la lutte contre l'infertilité ou des affections génétiques, sur des droits individuels, à savoir le droit à la

---

[289] Ces arguments ont été développés par le Professeur Frydman, Le nouvel Observateur, 19 décembre 2002.

reproduction non sexuée ou encore le droit à la survie de son génome[290]. Certes, le premier argument alimente les fables et les fantasmes des sectes, mais il convient de se méfier des deux derniers.

308. Interdits fragilisés. En dépit de la frayeur qu'inspire le clonage reproductif humain, de nombreux indices ne peuvent qu'accélérer son recours. Concernant les droits individuels, depuis quelques années, on assiste à une recrudescence des droits de l'Homme, on cherche sans cesse à satisfaire les désirs de chacun. La reconnaissance d'un droit à l'enfant pourrait conduire à un droit à un enfant sain, qui amènerait, à son tour, à un droit à un enfant prédéterminé. Cet essor des droits de l'Homme est malheureusement propice à la réclamation « *d'un droit à la reproduction par tout moyen que peut offrir la science* »[291]. Une procréation sans homme. Une procréation précommandée. S'agissant des raisons médicales, à savoir lutter contre les maladies, elles se nourrissent des émotions afin d'admettre des techniques jusqu'alors prohibées au nom du principe de la dignité humaine. En ce sens, « l'enfant-médicament » ouvre la voie à « l'enfant-clone ». En 1997, pour justifier l'interdit du clonage, le CCNE avait allégué que le génome de l'enfant-clone dépendrait, « *non plus de la loterie de l'hérédité mais d'une volonté extérieure* » qui porterait atteinte à « *l'indispensable indétermination* » de la personne[292]. Or, cet argument, qui prohibe l'enfant-clone, est transposable au bébé-médicament. Le développement de la logique utilitariste, « *celle du moindre mal* »[293], ne peut qu'enjoindre à user de cette technique.

---

290 Ces arguments ont été développés par J.-Y. Nau, Le Monde, 5-6 janvier 2003.

291 MATHIEU (B.), « Le refus du clonage reproductif ou les faiblesses d'une éthique de l'émotion », *JCP G,* 2003, n°06, act. 71.

292 CCNE, avis n°54, 22 avr. 1997, Réponse au président de la République au sujet du clonage reproductif, p. 19.

293 *Ibid.*

En définitive, si le clonage est un jour scientifiquement possible, il commencera probablement par le clonage thérapeutique, puis son recours s'étendra à celui reproductif, car différents facteurs énoncés fragilisent l'interdit. Or, qu'adviendrait-il si, malgré l'actuelle prohibition gravée dans le marbre, un enfant-clone naissait ?

2. L'éventuelle naissance d'un enfant-clone

309. L'hypothétique naissance d'un enfant-clone. Le clonage reproductif humain crée une confusion à la fois dans la parenté et la filiation, bottant en touche le hasard dans la détermination du matériel génétique. Il s'agira dans ce point d'imaginer la naissance d'un enfant-clone. Cette transgression renforcerait-elle ou affaiblirait-elle l'interdiction légale ?

310. Filiation de l'enfant-clone. Pour répondre à cette question, il convient de remarquer que, sans une certaine ironie, l'enfant-clone ne met nullement à l'épreuve le droit de la filiation. S'agissant de la mère, cette dernière est celle qui accouche[294]. Quant au père, biologique ou non, de l'enfant-clone, il sera désigné grâce aux fictions juridiques, à savoir la présomption de paternité, la reconnaissance ou la possession d'état. À l'instar de l'enfant issu d'une GPA, l'enfant-clone n'a pas à payer pour les erreurs de ses parents. S'il naît vivant et viable, un officier d'État civil dressera donc un acte de naissance.

311. Droit de la filiation et droit pénal. L'établissement de la filiation à l'égard de l'enfant-clone fragilise l'interdit civil[295] et la répression pénale[296]. En effet, « *le fait de se prêter à un prélèvement de cellules ou de gamètes* » est puni, c'est-à-dire que la femme qui fournit ses ovocytes et toute personne qui fournit son patrimoine génétique sont sanctionnées. En re-

---

294 C. civ., art. 311-25.

295 C. civ., art. 16-4.

296 C. pén., art. 511-1.

vanche, nulle mention de la gestatrice, qui se voit donc protégée par le principe de légalité des délits et des peines. Le Code pénal désigne donc l'auteur de l'infraction et non l'auteur de la filiation. Cette absence de répression en droit de la filiation fragilise l'interdiction et sa sanction. En prévoyant une punition en droit de la filiation, l'interdit serait nécessairement renforcé et dissuaderait les plus téméraires.

312. Le statut de l'individu cloné. De cette constatation découle une nouvelle question : de qui ce clone est-il l'enfant ? Est-il réellement opportun de qualifier de parent l'individu qui aura fourni son patrimoine génétique ? La réponse semble négative pour trois raisons. En premier lieu, l'enfant-clone a pour mère la femme qui accouche et, si l'on considère que le second parent celui dont on a cloné l'ADN, l'enfant pourrait avoir un père ou une seconde mère, selon l'individu dupliqué. On romprait alors avec les origines de l'humanité qui consiste à transmettre pour chacun un patrimoine génétique masculin et féminin. En second lieu, qualifier de parent l'individu cloné peut paraître absurde surtout si celui-ci est un mineur inapte à procréer. Enfin, l'intérêt de l'enfant pourrait légitimement s'opposer à l'établissement d'un lien de filiation entre l'enfant-clone et l'individu cloné.

La relation parent-enfant n'étant pas satisfaisante, il serait préférable d'assimiler le lien génétique à des jumeaux nés successivement mais après un intervalle important.

313. L'interdit renforcé grâce au droit de la filiation. Certains scientifiques exploiteront sûrement la détresse des couples, en leur susurrant que le clonage reproductif n'est pas différent d'une technique d'assistance médicale à la procréation. Afin de dissuader les commanditaires, il conviendrait de leur étendre l'interdit du clonage adressé aux scientifiques par le biais du droit de la filiation. En ce sens, on pourrait s'inspirer du cas de l'enfant incestueux, qui ne peut voir qu'une seule filiation pourvue[297]. Cette sanction « parentèle » renforcerait l'interdiction et aurait le mérite de décourager les couples. Toutefois, si un enfant-clone vient au monde, à l'instar de l'enfant incestueux ou né d'une GPA, il ne doit pas payer pour les erreurs de ses pairs. Le droit civil devra donc offrir au « Petit clone innocent », qu'importe son état physique et psychologique, les mêmes droits et devoirs que n'importe quel autre enfant, à savoir une filiation, un état civil, une autorité parentale, une réserve héréditaire…

314. Clonage, eugénisme et utérus artificiel. Selon le Professeur Mathieu, « *l'éthique qui nous gouverne est celle de l'émotion* »[298]. Face à la souffrance, à la mort, l'Homme, empreint de compassion, en oublie les interdits. Il les efface ou les rend confus. Peu à peu, il déplace les frontières pour justifier les dérives. Mais jusqu'où ira-t-il, s'il se laisse gouverner par son cœur plutôt que par sa raison ? Le cœur a ses raisons que la raison ignore… La science-fiction d'aujourd'hui peut devenir la réalité de demain[299]. Les perpétuels progrès de la science pourraient déboucher sur une « post-humanité », qui serait le résultat de l'homme lui-même, notamment s'il succombe à la tentation d'améliorer et de cloner ses pairs, voire de créer un utérus artificiel.

§ 2. De la greffe d'un utérus naturel à un utérus artificiel ?

315. Une nouvelle forme de greffe. Début des années 2000, la première greffe d'utérus est intervenue en Arabie Saoudite, se soldant par un échec. Les chercheurs suédois vont, par la suite, mener des expériences sur des animaux avant de réaliser une telle transplantation sur des femmes,

297 C. civ., art. 310-2.

298 *Ibid.*

299 MATHIEU (B.), *La bioéthique*, 1ère éd., Dalloz, Connaissance du droit, 2009, p. 71.

dont plusieurs enfants vont naître[300]. En France, le 5 novembre 2015, le Centre Hospitalier Universitaire (CHU) de Limoges a obtenu l'autorisation de l'Agence Nationale de Sécurité du Médicament (ANSM) de pratiquer des greffes d'utérus. Le protocole, validé au préalable par l'ANSM, prévoit la réalisation d'essais cliniques sur huit femmes volon-volontaires, en âge de procréer, en bonne santé et n'ayant jamais eu d'enfants[301]. L'équipe médicale a, par ailleurs, choisi de transplanter des utérus provenant de femmes en état de mort encéphalique, afin d'éviter d'exposer les donneuses vivantes à des complications chirurgicales, dans la mesure où il s'agit d'un organe non vital pour la patiente receveuse[302].

316. Du stade expérimental à la légalisation. Certes, la greffe d'utérus n'en est qu'au stade expérimental et n'implique, *de facto*, aucune intervention législative, mais « *en médecine, la mode change aussi souvent qu'en haute couture* »[303], une nouvelle collection pourrait donc sortir, requérant une action rapide du législateur. À la croisée des chemins entre la PMA et la transplantation d'organes, la greffe d'utérus nécessiterait l'élaboration d'un régime tenant compte de ses particularités (A) et elle offrirait une alternative à d'autres pratiques (B).

A. La greffe d'utérus naturel : notion et régime

317. Notion et régime. La greffe d'utérus associe à la fois la transplantation d'organes et les techniques d'assistance médicale à la procréation (1). Entremêler les deux régimes juridiques serait possible, mais des infléchisse-

---

300 HENRION (R.) et MILLIEZ (J.), La transplantation utérine, Rapport de l'Académie nationale de médecine, 23 juin 2015, Bulletin de l'ANM, 2015, 199, n°6, p .921 à 942, séance du 23 juin 2015.

301 http://www.chu-limoges.fr/le-projet-de-recherche-clinique-sur-la-transplantation-d-uterus-du.html

302 http://www.chu-limoges.fr/le-projet-de-recherche-clinique-sur-la-transplantation-d-uterus-du.html

303 GROUCHO (M.), *Mémoires d'un amant lamentable*, publié en France en 1984.

ments dans chacun d'eux devront être faits, car aucun n'est parfaitement adapté à cette technique (2).

1. Une notion hybride

318. Notion incertaine. Mêlant deux pratiques bien distinctes, on peut s'interroger sur ce qu'est la greffe d'utérus : une forme d'assistance médicale (a) ? de transplantation (b) ? ou encore une pratique hybride ?

a) Une nouvelle technique d'assistance médicale à la procréation

319. Une autre technique de PMA. En premier lieu, il semble que différents indices montrent que les dispositions actuelles en matière de PMA pourraient s'appliquer à cette nouvelle forme de greffe. Tout d'abord, leur finalité est identique, car il s'agit de donner naissance à un enfant. De plus, le choix de l'équipe médicale de Limoges, qui prévoit d'utiliser des embryons congelés, permet à la greffe d'utérus de se fondre aisément parmi les autres techniques de PMA, car la transplantation serait suivie d'une FIV[304]. Enfin, les conditions d'accès à la PMA semblent transposables à la greffe d'utérus. S'agissant de la finalité, à l'instar de la PMA, la greffe d'utérus répond à une infertilité pathologique, plus précisément utérine. Quant au modèle du couple, les exigences posées par la PMA sont applicables à la greffe d'utérus, à savoir un couple hétérosexuel consentant, en âge de procréer et vivant.

320. Une affinité nuancée. Toutes ces affinités pourraient justifier des dispositions communes, mais deux points contrarient un tel rapprochement. D'une part, la définition restrictive de la PMA ne permet pas à la greffe d'utérus

---

[304] www.chu-limoges.fr/le-projet-de-recherche-clinique-sur-la-transplantation-d-uterus-du.html ; HENRION (R.) et Milliez (J.), La transplantation utérine, Rapport de l'Académie nationale de médecine, 23 juin 2015, Bulletin de l'AN, 2015, 199, n°6, p. 921 à 942, séance du 23 juin 2015.

d'être d'emblée intégrée à son champ d'application[305]. Le législateur devra donc soit mentionner directement la transplantation utérine, soit revenir à une définition plus générale afin d'englober toutes les pratiques émergentes, évitant d'incessantes retouches[306]. D'autre part, la greffe d'utérus ne serait pas une technique de PMA comme les autres, puisqu'elle repose également sur une transplantation d'organes.

b) Une technique de transplantation particulière

321. Une autre technique de greffe. En second lieu, il est indubitable que la greffe d'utérus est une technique de transplantation, mais des indices la différencient des autres.

Le don d'organe en général soulève des problèmes éthiques, opposant deux conceptions. D'un côté, l'organe aurait une valeur symbolique et son don refléterait ainsi un acte de charité. D'un autre côté, le don d'organe reposerait sur une conception utilitariste. La législation actuelle a, *a priori,* choisi ce second courant de pensée, comme l'illustre la présomption de consentement de la personne décédée.

Toutefois, l'utérus, n'étant pas n'importe quel organe car son don donnera la vie, il reviendra au législateur de conférer à cette greffe particulière un aspect humanitaire qu'il a entendu étouffer pour les autres transplantations. Ce don, extrêmement intime, mériterait un régime juridique plus hu-

---

305 L'article L. 2141-1 du Code de la santé publique restreint le champ d'application de la PMA aux « *pratiques cliniques et biologiques permettant la conception in vitro, la conservation des gamètes, des tissus germinaux et des embryons, le transfert d'embryons et l'insémination artificielle* ».

306 La définition de la loi n°94-654 du 29 juillet 1994 permettait d'aboutir à un tel résultat, puisque l'AMP s'entendait « *des pratiques cliniques et biologiques permettant la conception in vitro, le transfert d'embryons et l'insémination artificielle, ainsi que de toute technique d'effet équivalent permettant la procréation en dehors du processus naturel.* »

maniste, et en ce sens le Professeur Caire propose de « *renforcer l'activité de médiation du corps médical* »[307].

322. Une greffe originale. Bien que la greffe d'utérus soit une forme de transplantation, elle ne peut pas pour autant y être catégoriquement classée, car on ne peut nier son originalité, qui repose sur son caractère éphémère et non vital[308]. S'agissant du caractère non vital, cette greffe, contrairement aux autres, n'assure pas la survie, ni n'améliore la qualité de vie des receveurs, telle est notamment le cas pour celles des mains ou du visage. Elle poursuit donc une finalité propre : procréer. Il est évident que grossesse et naissance, seulement par voie césarienne, seront très surveillées[309]. Quant au caractère éphémère, l'utérus aura probablement vocation à être retiré après une, voire deux grossesses, à cause des effets de l'immunodépression[310].

323. Une notion hybride. En définitive, l'originalité de la greffe d'utérus la met en marge des autres transplantations et ne permet pas, dès aujourd'hui, de la classer dans les techniques de PMA.

---

307 CAIRE (A.-B.), « La greffe d'utérus : pour un encadrement juridique prospectif », *RDSS*, 2017, n°02, p. 269.

308 HENRION (R.) et MILLIEZ (J.), La transplantation utérine, Rapport de l'Académie nationale de médecine, 23 juin 2015, Bulletin de l'ANM, 2015, 199, n°6, p.921 à 942, séance du 23 juin 2015.

309 https://onlinelibrary.wiley.com/doi/10.1111/j.1432-2277.2012.01438.x ; LEFKOWITZ (A.), « The Montreal Criteria for the Ethical feasibility of Uterine Transplantation », *Transplant International*, 2012, n°25, p. 442 : « *UTx does not offer women the opportunity to have a baby, but rather to carry a pregnancy; this is an important distinction to understand. Subjects must also understand that should the surgery be successful, the pregnancy will not be an ordinary pregnancy. The uteri will not be innervated, so women will not feel fetal movements or contractions. They will require cesarean sections to deliver, and so will not experience a vaginal birth, either.* »

310 L'immunodépression est la diminution, voire la suppression, de la résistance acquise ou naturelle d'un organisme du fait d'agents reconnus comme des corps étrangers.

2. Le régime juridique

324. Choix du régime. Eu égard au caractère hybride de la greffe d'utérus, le législateur pourrait choisir de s'inspirer du régime juridique de la PMA ou de la transplantation, ou encore bâtir un régime particulier.

325. Régime de la PMA. Selon le Professeur Caire, le rattachement, par le législateur, de la greffe d'utérus aux différentes techniques d'assistance médicale à la procréation semble « *judicieux et légitime* »[311]. Toutefois, des modifications, en amont, s'avéreront probablement nécessaires pour résoudre trois problèmes. Dans un premier temps, la notion de PMA devrait être redéfinie, afin d'englober la greffe d'utérus. Dans un second temps, les règles relatives à l'information et au consentement devraient être adaptées afin de tenir compte de l'aspect « greffe ». Enfin, s'agissant des bénéficiaires, l'ouverture des conditions d'accès permettrait aux femmes célibataires et aux personnes transsexuelles de recourir à une greffe d'utérus.

326. Régime de la transplantation. Le législateur pourrait également trouver préférable de rattacher la greffe d'utérus aux dispositions relatives aux greffes d'organes. Cependant, ce rattachement n'est pas pleinement satisfaisant, car la finalité thérapeutique de la greffe d'utérus fait débat. En principe, un prélèvement d'organes, sur une personne vivante ou décédée, n'est possible que s'il poursuit une finalité thérapeutique[312]. Or, le caractère thérapeutique de la greffe d'utérus dépend de l'interprétation de ce terme, car cette greffe remédie temporairement à l'infertilité de la patiente et ne la soigne pas réellement.

---

311 CAIRE (A.-B.), « La greffe d'utérus : pour un encadrement juridique prospectif », *RDSS*, 2017, n°02, p. 269.

312 S'agissant du prélèvement d'organes sur une personne vivante, il n'est possible que « *dans l'intérêt thérapeutique direct d'un receveur* ». Quant à celui sur personne décédée, il n'est possible « *qu'à des fins thérapeutiques ou scientifiques* » ; C. santé publ., art. L. 1231-1.

Si le caractère thérapeutique est avéré, l'inscrivant dans la case « transplantation », il faudra probablement renforcer la protection du consentement des femmes afin d'éviter un « *cannibalisme thérapeutique* »[313]. En effet, le droit positif en matière de prélèvements d'organes sur les défunts ne paraît guère adapté à la greffe d'utérus, parce qu'il ne semble pas respecter la liberté des idéologies. Par exemple, malgré le refus d'une femme, durant toute sa vie, d'avoir des enfants, si elle n'est pas inscrite au registre national des refus[314], son utérus serait prélevé.

327. Régime hybride. En définitive, il appert que ni le régime juridique de la PMA, ni celui de la transplantation ne sont pleinement satisfaisants. Une profonde réflexion de la part du législateur en vue d'un encadrement spécifique, qui emprunterait aux deux régimes évoqués, serait donc plus opportune.

B. Une alternative à d'autres pratiques[315]

328. Alternative à l'adoption et à la GPA. En cas d'infertilité utérine, le couple n'a d'autre choix que de recourir à une adoption ou à une convention de mère porteuse. Or, des obstacles se dressent devant lui. D'une part, le peu d'enfants adoptables, que ce soit au niveau national ou international, transforme cette hypothèse en un parcours du combattant. D'autre part, la gestation pour autrui demeure

---

313 En ce sens : LÉVI-STRAUSS (C.), *Nous sommes tous des cannibales*, Seuil, 2013 ; GARNAULT (D.), « Chercher/Perdre la femme dans la mère ou l'inquiétante étrangeté de la transplantation d'utérus », *Corps & Psychisme*, 2016, n°69, p. 73 ; CAIRE (A.-B.), « La greffe d'utérus : pour un encadrement juridique prospectif », *RDSS*, 2017, n°02, p. 269.

314 Le registre est tenu par l'Agence de la biomédecine.

315 En Europe, il semblerait qu'une femme sur cinq cents souffre d'infertilité utérine, résultant soit d'une absence congénitale d'utérus, telle que le syndrome MRKH Mayer Rokitansky Küster Hauser, soit d'une infertilité acquise, telle qu'une hystérectomie à la suite d'une hémorragie ou d'un cancer du col de l'utérus.

interdite en France. Face à de telles entraves, la transplantation d'utérus semble offrir une troisième voie.

329. Difficultés. Néanmoins, elle pose des difficultés. En premier lieu, à l'instar de l'adoption, un risque de pénurie d'utérus à greffer est à craindre. Pour pallier ces manques, certains proposeront sûrement un « recyclage » d'utérus des femmes décédées ou devenues hommes[316]. En second lieu, GPA et greffe d'utérus semblent assez proches, puisque les deux techniques utilisent l'organe de quelqu'un d'autre pour procréer. Mais l'une des deux est plus dangereuse que l'autre. Certes la greffe d'utérus respecte l'adage « *mater sempter certa est* », mais, comme le remarquent Roger Henrion et Jacques Milliez, « *la GPA a le grand avantage de ne faire prendre aucun risque à la mère intentionnelle (la receveuse) et beaucoup moins à la gestatrice (donneuse) et à l'enfant* ». Autoriser la greffe d'utérus semble donc illogique tout en maintenant l'interdiction de la gestation pour autrui, alors que la greffe fait courir des risques à l'enfant, à la receveuse et à la donneuse, si cette dernière est vivante.

330. D'un utérus humain à un utérus artificiel. Certes, la greffe d'utérus est une réelle avancée scientifique, mais elle réduit la femme à son statut de simple gestatrice. À l'heure des technologies débridées, ne pourrait-on pas créer un utérus artificiel ? L'annihilation de la nature a déjà été envisagée, notamment par le bioéthicien Henri Atlan, on parle alors d'ectogenèse[317]. Selon lui[318], l'acceptation de cette pratique se ferait en deux temps. La première étape s'appuierait sur une finalité thérapeutique : terminer la gestation de naissances prématurées en dehors du corps de la femme. La seconde, plus critiquable, consisterait à donner la

---

316 HENRION (R.) et MILLIEZ (J.), La transplantation utérine, Rapport de l'Académie nationale de médecine, 23 juin 2015, Bulletin de l'ANM, 2015, 199, n°6, p. 921 à 942, séance du 23 juin 2015.

317 John B. Haldane a inventé ce terme.

318 ATLAN (H.), *L'utérus artificiel*, Points, Points essai, 2007.

vie en échappant aux contraintes occasionnées par la grossesse et l'accouchement. Or, cette étape pourrait déboucher, comme il est fortement à craindre, sur un « *élevage industriel d'humains* »[319]. Entre utérus naturel et artificiel, une concurrence pourrait se développer, mais la balance pencherait sûrement pour l'ectogenèse qui serait moins dangereuse.

Il convient toutefois de modérer ces propos car, comme le rappelle Pierre Jouannet[320], une telle opération n'est pas, à ce jour, envisageable.

331. Une nouvelle maxime. Au XIXème siècle, Karl Marx dénonçait l'exploitation de l'homme par l'homme. À l'époque, il s'agissait de l'exploitation de sa force de travail. Au XXIème siècle, cette exploitation a évolué et désormais, il s'agit « *de l'exploitation de l'humain par l'homme* »[321]. Clonage reproductif, eugénisme ou greffe d'utérus s'inscrivent dans cette nouvelle maxime. Contre toute attente, le glas des contestations n'a pas résonné. On dit que « l'amour rend aveugle », mais il semblerait que la foi envers le progrès scientifique également.

332. Limites et interdits. Instrumentalisant et prédéterminant l'Homme, les interdictions, relatives aux pratiques précitées, ne doivent nullement être fragilisées ou paralysées par un sentimentalisme grandissant. Ces mêmes émotions peuvent conduire le législateur à admettre l'accès à l'assistance médicale à la procréation aux couples de même sexe, aux femmes seules, mais il lui reviendra d'une part, de poser des limites inflexibles, et d'autre part, de museler son

319 *Ibid* ; MATHIEU (B.), *La bioéthique*, 1ère éd., Dalloz, Connaissance du droit, 2009, p. 122.

320 JOUANNET (P.), « Les autres approches envisageables pour corriger les stérilités utérines », Annexe 2, *in* HENRION (R.) et MILLIEZ (J.) (rapporteurs), loc. cit.

321 MATHIEU (B.), *La bioéthique*, 1ère éd., Dalloz, Connaissance du droit, 2009, p. 100.

cœur afin de ne pas se laisser tenter par des techniques qui prédéterminéraient l'Homme.

333. Le choix du législateur. En dépit des influences en droit international et en droit interne, qui pourraient conduire à une nouvelle finalité de l'AMP, c'est-à-dire une finalité sociétale, l'incertitude demeure. Le choix n'appartient plus qu'au législateur français soit de maintenir la conception originelle, soit de se laisser convaincre par les murmures de la foule…

Conclusion

334. Remède à l'infertilité pathologique, remède à l'infertilité sociétale ? « *Le progrès dans la connaissance de l'humain est indiscutable. La science approche au plus près les mystères de la vie, de ses origines, de son développement.* (…) *[Elle] est un facteur considérable d'atténuation de la souffrance de l'humanité* »[322], elle a notamment atténué la douleur de personnes atteintes d'une infertilité médicalement diagnostiquée grâce aux techniques d'assistance médicale à la procréation. La volonté de donner un enfant à ces couples a donc créé des pratiques qui supplantent la nature. Mais qu'en est-il de la douleur des personnes atteintes d'une infertilité sociétale ?

Un besoin individuel, celui d'élever son enfant génétique, se répand comme une traînée de poudre en France, voire, plus largement, dans le monde. Le sol européen a été parcouru de nombreuses réformes en ce sens. Même en l'absence de consensus en matière de PMA, on peut légitimement se demander si les choix des États voisins influenceront, ou non, le législateur français. Nul doute que ce dernier s'intéressera aux solutions dégagées par la Cour européenne des droits de l'Homme, puisqu'il n'est plus nécessaire de démontrer son incidence. Le sol français, quant à lui, prévoit une finalité exclusivement médicale. Toutefois, face à l'intransigeance des dispositions en vigueur en matière de PMA, des voix s'élèvent, émanant du peuple, des prati-

322 B. Mathieu, *La bioéthique*, 1ère éd., Dalloz, Connaissance du droit, 2009, p. 3.

ciens, des Comités ou des instances, afin de répondre à ce besoin individuel.

335. Le scientifique propose, le législateur dispose. Avoir un enfant hors du processus naturel est un sujet délicat, car il n'est pas seulement question de la société, du désir d'enfant ou de l'intérêt des parents. Il s'agit plus largement de la possibilité pour l'Homme d'aller au-delà des contraintes naturelles. Tandis que les progrès scientifiques permettent d'assouvir des désirs que la nature refuse, des progrès juridiques sont-ils à envisager ?

À l'heure actuelle, la PMA n'est accessible qu'à une élite arbitraire issue de la population. Mais qu'en sera-t-il demain ? Depuis le 18 janvier 2018, les États généraux de la bioéthique sont réunis et méditent sur ce sujet, pour le moins, épineux. Ce n'est qu'à sa clôture, en juillet, qu'un projet de loi sera élaboré par le gouvernement, puis soumis au vote souverain du Parlement.

Seul le législateur pourra trancher ce débat. Peut-être maintiendra-t-il la finalité thérapeutique ? Peut-être répondra-t-il aux souhaits de la société en abandonnant certaines exigences d'accès à l'assistance médicale à la procréation ? Le mystère demeurera jusqu'à ce que l'enfant, objet de tous les désirs, entre dans l'hémicycle.

« *Dès les premiers pas, la PMA a été vue comme transgressive, dépassant la nature défiant le temps, jouant avec la création de la vie. Mais au fil des années, nous avons construit une éthique solide. Servons-nous de cette expérience, de nos réflexions collégiales détaillées, méticuleuses, de cette déontologie, sans nous figer dans les dogmes. Le pragmatisme n'a rien de honteux. La souplesse n'abolit pas la vigilance.* »[323]

---

323 FRYDMAN (R.), *Le droit de choisir - Manifeste des médecins et biologistes de la procréation médicale assistée*, Seuil, 2017, p. 82.

Index

A

B

C

D

E

F

G

I

N

P

S

T

Bibliographie

I. Les ouvrages juridiques

A. Traités et manuels

BINET (J.-R.), *Droit de la bioéthique*, 1ère éd., L.G.D.J., Manuels, Droit privé, 2017.

BRUGGEMAN (M.), *Mélanges en l'honneur du professeur Claire Neirinck*, LexisNexis, Mélanges, 2015.

BRUSORIO-AILLAUD (M.), *Droit des personnes et de la famille*, 7ème éd., Édition Larcier, Collection Paradigme, 2016-2017.

CORNU (G.), *Vocabulaire juridique*, 9 éd., PUF, Quadrige, Dico poche, 2011.

GUINCHARD (S.) et DEBARD (T.), *Lexique des termes juridiques*, 20ème éd., Dalloz, Lexiques, 2013.

LAUDE (A.), MATHIEU (B.) et TABUTEAU (D.), *Droit de la santé*, 3ème éd., PUF, Thémis, Droit, 2012.

MALAURIE (P.), *Droit des personnes, La protection des majeurs et des mineurs*, 9ème éd., L.G.D.J, Droit civil, 2017.

MATHIEU (B.), *La bioéthique*, 1ère éd. Dalloz, Connaissance du droit, 2009.

B. Ouvrages spéciaux

1. Thèses et mémoires

BONNARD (M.), sous la direction de FREYD-MAETZ (C.) (dir.), *L'accès aux origines*, Mémoire, Master 2 Droit privé général, Université de Lorraine, 2017.

BUR (C.), sous la direction de GRANET-LAMBRECHTS (F.), *La confrontation de la volonté privée à l'autorité de la loi dans l'assistance médicale à la procréation*, Thèse de doctorat, Droit privé, Université de Strasbourg, 2011.

LITAIZE (N.), sous la direction de HENRY (X.) et GANZER (A.), *Le droit à l'enfant*, Thèse de doctorat, Droit privé et sciences criminelles, Université de Lorraine, 2013.

MEILHAC-PERRI (M.), sous la direction de CORNELOUP (S.), *L'autonomie de la volonté dans les filiations électives*, Thèse de doctorat, Droit privé, Université de Bourgogne, 2014.

2. Ouvrages

DUMAS-LAVENAC (S.), *Cahier Droit, Sciences & Technologies n°7 - La protection de la personne née d'une PMA impliquant un tiers*, n°7, Presses Universitaires d'Aix Marseille, P.U.A.M., Cahiers Droit, Sciences & Technologies, 2017.

FINE (A.), JORDANA (H.), NEIRINCK (C.) et PÉDUSSANT (S.), *L'enfant a-t-il droit à son histoire ?* Édition Erès, 1999.

MARAIS (A.), *La procréation pour tous ?*, Dalloz-Sirey, Thèmes et commentaires, 2015.

MARTINEZ (É.) et VIALLA (F.), *Les grands avis du Comité Consultatif National d'Éthique*, L.G.D.J, Les grandes décisions, 2013.

MIRKOVIC (A.), *PMA, GPA : Quel respect pour les droits de l'enfant ?*, TÉQUI, 2016.

NEIRINCK (C.), *Un enfant à tout prix ? Questions d'éthique et de droit*, La Documentation française, Problèmes politiques et sociaux, 2009.

NEIRINCK (C.) et GROSS (M.), *Parents-enfants : vers une nouvelle filiation ? Question de droit et de société*, Paris, Doc. fr., 2014.

THÉRY (I.) et LEROYER (A.-M.), « Filiation, origines, parentalité », Odile Jacob, OJ. SC. HUMAINES, 2014.

C. Articles

BÉNOS (C.), « L'interdiction du diagnostic préimplantatoire sur la sellette européenne », *RDSS*, 2013, n°01, p. 67.

BERDEAUX-GACOGNE (F.), « Adoption d'un enfant conçu par PMA : nouveau rebondissement », *AJ famille*, 2015, n°09, p. 486.

BINET (J.-R.), « Insémination avec tiers donneur et droit à la connaissance des origines : l'enfant impensé du droit de la bioéthique », *Droit de la famille*, 2016, n°01, étude 1.

BINET (J.-R.), « Insémination post mortem : d'une injustice à l'autre », *Droit de la famille*, 2016, n°12, comm. 267.

BINET (J.-R.), « Insémination post mortem : quand le Conseil d'État s'affranchit de l'interdit légal », *Droit de la famille*, 2016, n°09, étude 15.

BINET (J.-R.), « Vers la procréation médicalement assistée pour toutes ? », *Droit de la famille*, 2017, n°05, comm. 113.

BINET (J.-R.), « Gestation pour autrui : le droit français à la croisée des chemins », *Droit de la famille*, 2017, n°09, étude 13.

BYK (C.), « Crimes contre l'espèce humaine – Crimes d'eugénisme et de clonage reproductif », *JCl Civil Code*, 2015, Fasc. 20.

CAIRE (A.-B.), « La greffe d'utérus : pour un encadrement juridique prospectif », *RDSS*, 2017, n°02, p. 269.

CHAIGNEAU (A.), « Pour un droit du lien : le débat sur la gestation pour autrui comme catalyseur d'un droit de la filiation renouvelée », *RTD Civ.,* 2016, n°02, p. 263.

CHÉNÉDÉ (F.), « Petite leçon de "réalisme juridique" », *D.*, 2017, n°12, p. 663.

COUARD (J.), « Légalisation du diagnostic préimplantatoire », *Droit de la famille*, 2016, n°7-8, alerte 65.

CRÉPEY (E.), « Anonymat du donneur de gamètes et respect de la vie privée », *RFDA*, 2013, n°05, p. 1051.

DEPADT-SEBAG (V.), « La place des tiers dans la conception d'un enfant né par AMP avec donneur : un secret d'ordre public », *D.*, 2010, p. 330.

DEPADT-SEBAG (V.), « La procréation *post mortem* », *D.*, 2011, n° 32, p. 2213.

DIONISI-PEYRUSSE (A.), « Brèves remarques sur la question de l'ouverture de l'AMP aux couples de même sexe », *AJ famille*, 2013, n°02, p. 127.

DIONISI-PEYRUSSE (A.), « La conformité de l'article 8 de la Convention EDH de mesures conduisant à séparer un enfant issu de GPA de ses parents d'intention », Note sous CEDH, gr. ch., 24 janv. 2017, Paradiso et Campanelli c/ Italie, *Droit de la famille*, 2017, n°04, étude 4.

DIONISI-PEYRUSSE (A.), « Actualités de la bioéthique », *AJ famille,* 2017, n°7-8, p. 379.

DORSNER-DOLIVERT (A.), « De l'interdiction du clonage à la réification de l'être humain Loi n°2004-800 du 6 août 2004 », *JCP G*, 2004, n°44, doctr. 172.

DUMAS-LAVENAC (S.), « Sans circonstances exceptionnelles, pas d'insémination post mortem mais quid de l'insémination in extremis ? », *RDS*, 2017, n°76, p. 209.

EGÉA (P.), « La "condition fœtale" entre procréation et embryologie », *RDSS,* 2005, n°02, p. 232.

FRYDMAN (R.), « Le clonage reproductif et thérapeutique », *RTDH,* 2003, n°54, p. 421.

FULCHIRON (F.), « L'anonymat du donneur de gamète : des règles contestées *in abstracto*, mais incontestables *in concreto* », *Droit de la famille*, 2018, n°03, comm. 64.

GALLMEISTER (I.), « Interdiction du diagnostic préimplantatoire : condamnation de l'Italie », *Dalloz actualité*, 2012, n°10.

GALLOUX (J.-C.), « Droits et libertés corporels », *D.*, 2017, n°14, p. 781.

GRIDEL (J.-P.), « L'âge et la capacité civile », *D.* 1998, chron., p. 90.

GUILLAUMÉ (J.), « La Cour de réexamen des décisions civiles rend ses premières décisions en matière de gestation pour autrui », *D.*, 2018, n°15, p. 825.

GUYOMAR (M.), « Le CE confirme que la règle de l'anonymat des donneurs de gamètes n'est pas incompatible avec l'article 8 de la Convention européenne », *Gaz. Pal.*, 2015, n°330, p. 26.

HAFTEL (B.), « Insémination *post mortem* internationale, contrôle de proportionnalité et méthodes du droit international privé », *D.*, 2016, n°25, p. 1477.

HAFTEL (B.), « Autorisation d'une insémination *post-mortem*, une décision de circonstance », *D.* 2016, n°40, p. 2392.

HAUSER (J.), « Procréation médicalement assistée *post mortem* : le début du délitement ? », *RTD Civ.*, 2016, n°03, p. 600.

HAUSER (J.), « Comité consultatif national d'éthique », *RTD Civ.,* 2017, n°03, p. 623.

HENNETTE-VAUCHEZ (S.), « Deux poids, deux mesures : GPA congé maternité de la mère commanditaire et procréation en droit de l'Union européenne », *La Revue des droits de l'homme*, Actualités Droits-Libertés, 2014.

LE BONNIEC (N.), « L'anonymat du don de gamètes en France : un possible terrain d'inconventionnalité ? », *RDSS*, 2017, n°02, p. 281.

LE MAIGAT (P.), « Enfants nés par GPA et filiation », *Gaz. Pal.*, 2018, n°10, p. 25.

LEROYER (A.-M.), « Bioéthique – Caractéristiques génétique – Don d'organes – Embryon – Cellules hématopoïétiques – IVG – AMP – Consentement – Anonymat », *RTD Civ.*, 2011, n°03, p. 603.

LEROYER (A.-M.), « Transcription de l'acte de naissance des enfants nés par GPA », *RTD Civ*, 2018, n°01, p. 88.

MARGUÉNAUD (J.-P.), « Le droit des parents de procréer un enfant indemne de la maladie génétique dont ils sont porteurs », *RTD Civ.*, 2012, n°04, p. 697.

MARGUÉNAUD (J.-P.), « L'insémination *post mortem*, ferment de révolution tranquille au Conseil d'État », *RTD Civ.*, 2016, n°04, p. 802.

MARGUÉNAUD (J.-P.), « Variations européennes sur le thème de la gestation pour autrui », *RTD Civ.*, 2017, n°02, p. 335.

MARGUET (L.)et MESNIL (M.), « Pour la fin du modèle pseudo-procréatif en droit français », *La Revue des droits de l'homme*, Actualités Droits-Libertés, 2014.

MATHIEU (B.), « Le refus du clonage reproductif ou les faiblesses d'une éthique de l'émotion », *JCP G*, 2003, n°06, act. 71.

MIRKOVIC (A.), « Assistance médicale à la procréation (exportation de gamètes) : condition d'âge des hommes », *D.*, 2017, n°10, p. 511.

DE MONTECLER (M.-C.), « Insémination post mortem : autorisation d'exportation de gamètes », *D.*, 2016, n°25, p. 1470.

NEIRINCK (C.), « La procréation médicale assistée en France : une question d'égalité ? », *Rev. Femmes et Droit*, 2013, n°25, p. 369.

PICHERAL (C.), « Les prudentes avancées de la Cour EDH en matière d'accès au diagnostic préimplantatoire », *JCP G*, 2012, n°43, 1148.

PRÉVOST-GELLA (J.), « Contrôle abstrait et contrôle concret : les juges confrontés à l'application de la jurisprudence Gonzalez-Gomez », *RFDA*, 2017, n°05, p. 855.

RAOUL-CORMEIL (G.), « Clonage reproductif et filiation : La chaîne des interdits », *JCP G*, 2008, n°13, p. 13.

SIFFREIN-BLANC (C.), « Exportation de gamètes à l'étranger, petite brèche pour une insémination *post-mortem* », *AJ famille*, 2016, n°09, p. 439.

THÉRY (I.), « Procréations assistées », *Revue Esprit*, 2009, p. 77.

VIALLA (F.), « Assistance médicale à la procréation : avis du CCNE », *D.*, 2017, n°24, p. 1365.

WALTER (J.-B.), « La vie privée et familiale : refuge européen de l'illégalité ou réceptacle de la tragédie humaine ? », CEDH, 27 janv. 2015, n°25358/12, Paradiso et Campanelli c/ Italie, Droit de la famille, 2015, n°5, étude 11.

II. Ouvrages non juridiques

ATLAN (H.), *L'utérus artificiel*, Points, Points essai, 2007.

BALZAC (H.), L'interdiction, Arvensa Édition, Format Kindle, 2014.

BLOCH (O.) et VON WARTBURG (W.), *Dictionnaire étymologique de la langue française*, 3ème éd., PUF, Quadrige, Dico poche, 2008.

FESTY (P), « Le recensement des familles homoparentales », *in* CADORET (A) (dir.), *Homoparentles. Approches scientifiques et politiques*, Paris, PUF, 2006.

FREUD (S), « La sexualité dans l'étiologie des névroses », in *La première théorie des névroses*, rééd. PUF, Quadrige, Psychologie et psychanalyse, 2010.

FRYDMAN (R.), *Les procréations médicalement assistées,* PUF, coll. « Que sais-je ? », 1991.

FRYDMAN (R.), « De l'exacerbation du moi dans la transmission de la vie », *in* WIEVIORKA (M.), LÉVI-STRAUSS (C.) et LIEPPE (G.) (dir.), *Penser Global : Internationalisation et globalisation des sciences humaines et sociales,* Éditions de la Maison des sciences de l'homme, 2014.

FRYDMAN (R.), *L'assistance médicale à la procréation*, PUF, coll. « Que sais-je ? », 2004.

FRYDMAN (R.), *Le droit de choisir - Manifeste des médecins et biologistes de la procréation médicale assistée*, Seuil, 2017.

REY-DEBOVE (J.) (dir.), *Le Robert Brio : Analyse comparative des mots*, Le Robert, Méthodique, 2004.

SICARD (D.), *L'éthique médicale et la bioéthique*, 5ème éd., PUF, Que sais-je ?, Sciences, 2017.

SPINOZA (B.), *Œuvres Tome IV : Traité politique, Lettres*, Flammarion, Garnier Flammarion, Philosophie, 1993.

Annexes

Annexe 1. L'insémination artificielle

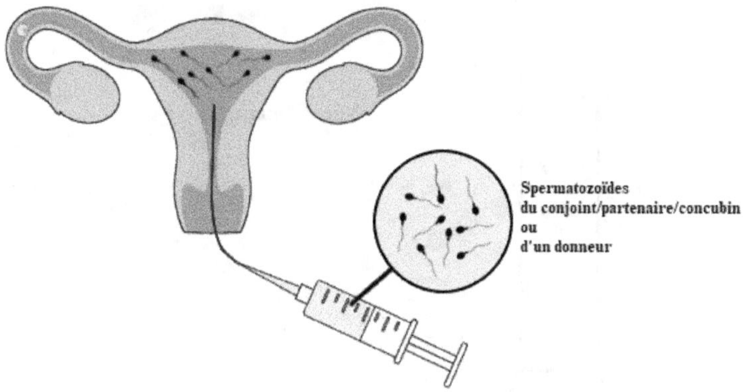

Annexe 2. La fécondation *in vitro*

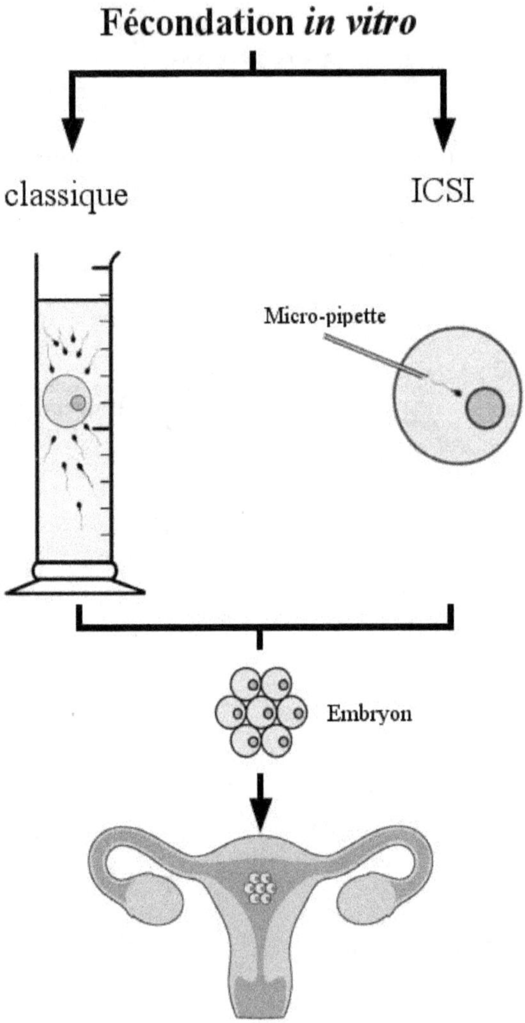

Annexe 3. Le clonage par transfert d'embryon cellulaire

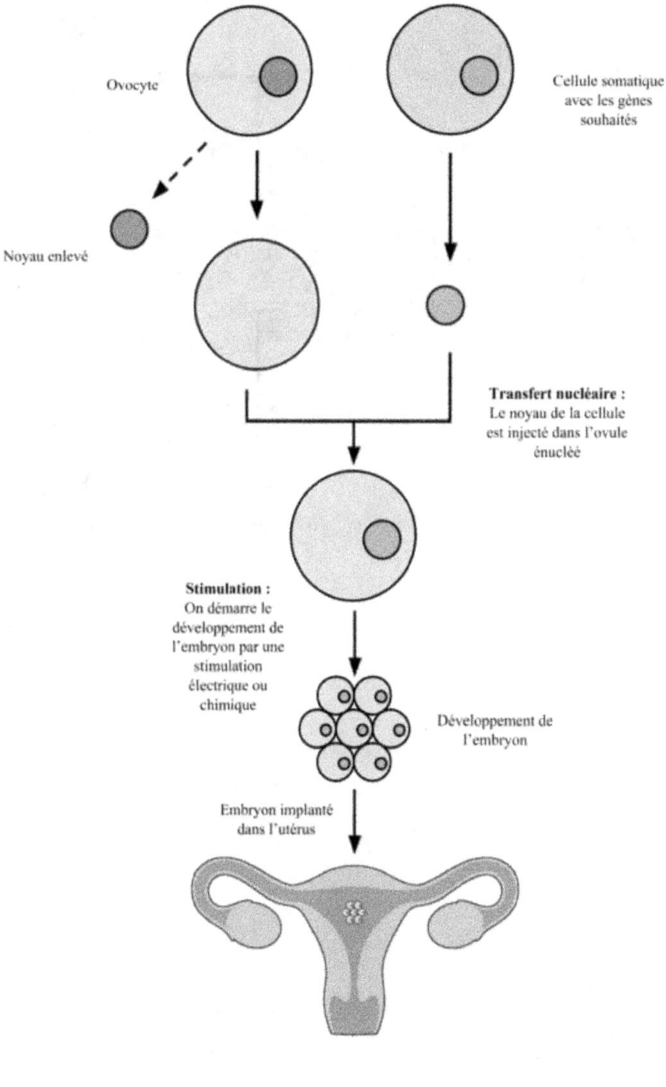

Annexe 4. Le clonage par scission d'embryon

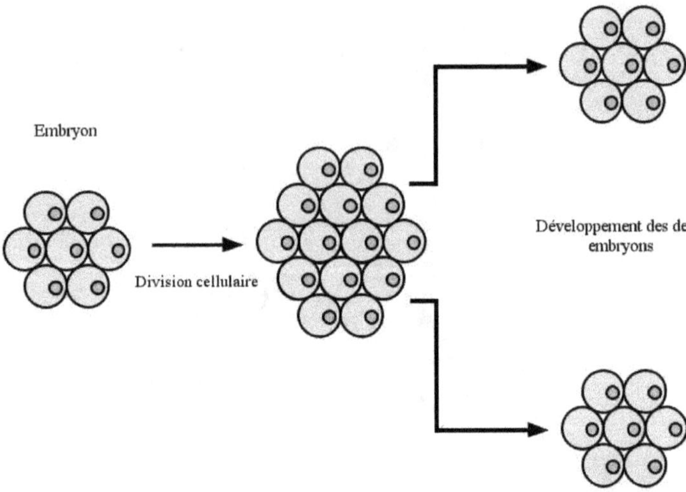

Table des matières

DROIT
AUX ÉDITIONS L'HARMATTAN

Dernières parutions

L'EXPLOITANT DE BANQUE ET LE DROIT AU TCHAD

Thomas Dingamgoto

De toutes les activités entrepreneuriales, le secteur bancaire est de celles qui font l'objet d'un encadrement législatif scrupuleux et d'une veille règlementaire permanente. Si l'histoire du droit bancaire tchadien est étroitement liée à celle du droit bancaire français, les textes législatifs et règlementaires des activités bancaires au Tchad ont connu des évolutions internes notables. Pour l'exploitant de banque comme pour l'ensemble des acteurs de la chaîne économique et financière, ces mutations rendent indispensables l'appropriation de ces normes nouvelles.

(Coll. Études Eurafricaines, 674 p., 49 euros)

ISBN : 978-2-343-16034-4, EAN EBOOK : 9782140104879

L'ÉGALITÉ DE L'HOMME ET DE LA FEMME DANS LE MARIAGE
Etude comparée des droits du Bénin, du Burkina Faso et du Mali

Aïssata DABO

Des États africains ont rénové leurs législations sur le mariage dans l'idée de les conformer au dispositif juridique international, qui place désormais l'égalité homme-femme au centre des débats. Toutefois, l'objectif est largement dévié par le pluralisme juridique qui demeure, en droit et en fait, un frein pour l'indifférenciation des droits des sexes. Cet ouvrage se propose de rechercher la mesure de l'égalité, en matière de mariage, réellement promue par les droits béninois, burkinabè et malien.

(Coll. Études africaines, 614 p., 49 euros)

ISBN : 978-2-343-15377-3, EAN EBOOK : 9782140105197

LA NATIONALITÉ ET L'APATRIDIE EN AFRIQUE

Charles Lasserre Yakite

Le droit à la nationalité est un droit humain fondamental reconnu par le droit international. Les apatrides ne peuvent se prévaloir de la protection de la nationalité et sont donc vulnérables à la privation de leurs droits. Les États africains doivent élaborer des cadres législatifs et mettre en place des politiques nationales pour lutter contre l'apatridie. Cet ouvrage vise à faire des recommandations à l'Union africaine et aux organisations internationales intéressées pour résoudre l'épineux problème de nationalité et de l'apatridie.

(Coll. Études africaines, 156 p., 17 euros)

ISBN : 978-2-343-15353-7, EAN EBOOK : 9782140104725

LE CONTENTIEUX DE L'ANNULATION AU CONGO

Lovane Lhakhy-Tsamby

Dans ce livre, l'auteur examine la question relative au contentieux de l'annulation, au Congo. Lorsqu'un acte administratif est entaché d'illégalité, il est susceptible d'annulation. Au Congo, l'annulation d'un acte administratif illégal relève de la compétence exclusive de la chambre administrative de la Cour suprême. La Cour constitutionnelle est exceptionnellement compétente pour annuler un acte administratif entaché d'illégalité lorsqu'il est pris dans le domaine électoral. Elle n'est pas juge de la légalité des actes administratifs au même titre que le juge administratif ordinaire.

(Coll. Harmattan Congo-Brazzaville, 120 p., 14 euros)

ISBN : 978-2-343-15430-5, EAN EBOOK : 9782140104305

PROTECTION DE LA QUALITÉ DES EAUX DOUCES AU CANADA ET DANS L'UNION EUROPÉENNE

Le partage des compétences

Claire Joachim

Cet ouvrage analyse l'organisation des rapports entre les ordres juridiques par le droit constitutionnel canadien et le droit de l'Union européenne. Cette étude est innovante car : la grille d'analyse du droit constitutionnel canadien a été appliquée à l'Union européenne. Ce qui met en évidence des mécanismes similaires dans le partage des compétences. Le domaine de la protection de la qualité des eaux douces a été choisi pour révéler les enjeux de ces relations dans une perspective globale. Ce travail fait ressortir que l'intégration européenne est accentuée par une centralisation des compétences. Ainsi, la sphère du pouvoir des états membres se vide progressivement de sa substance. Le droit entrerait donc en mutation à l'aune de la protection de l'environnement.

(Coll. Le Droit aujourd'hui, 546 p., 49 euros)

ISBN : 978-2-343-10974-9, EAN EBOOK : 9782140104541

LE BIEN-ÊTRE ANIMAL : DE LA SCIENCE AU DROIT

Sous la direction de Sophie Hild et Louis Schweitzer

Chercheurs, experts, membres de la Commission européenne ou du ministère de l'Agriculture se sont succédé pour répondre à plusieurs questions du plus haut intérêt : quelle définition scientifique donner au bien-être de l'animal ? Sur quels critères l'évaluer ? Quels droits nationaux ou internationaux le prennent-ils en compte ? Quels animaux sont concernés ? Quels obstacles s'opposent au souci d'assurer le bien-être animal ? Les réponses données conforteront les démarches à conduire en faveur de dispositions réglementaires nouvelles.

(Coll. Colloques et rencontres, 364 p., 37 euros)

ISBN : 978-2-343-15918-8, EAN EBOOK : 9782140104329

DROITS FONCIERS DES FEMMES ET DES CADETS SOCIAUX EN CÔTE D'IVOIRE

Cellule de Suivi et d'Analyse de la Mise en Oeuvre de la Loi sur le Foncier Rural

Le séminaire-atelier "Sécurisation des droits fonciers des femmes et cadets sociaux en milieu rural" tenu à Grand-Bassam en 2017 avait pour objectif d'identifier les dispositions, existantes ou à adopter, pour améliorer la sécurisation des droits fonciers des femmes et des cadets sociaux en milieu rural. Comment comprendre la nature des obstacles qui y nuisent, identifier et clarifier les dispositions qui existent dans le cadre juridique et institutionnel de la Côte d'ivoire ? les services centraux et décentralisés de l'Administration, Chambre des Chefs et Rois Traditionnels de Côte d'Ivoire, partenaires internationaux de développement, organisations professionnelles agricoles, notaires, juristes, géomètres, chercheurs, ONG, presse etc, tous sont concernés par cette problématique.

(Coll. Harmattan Côte-d'Ivoire, 192 p., 22 euros)

ISBN : 978-2-343-15394-0, EAN EBOOK : 9782140103728

L'UNIVERS CARCÉRAL, LA MÈRE DÉTENUE ET SON ENFANT

Elaine Mangin

Sur les 80 893 personnes écrouées en France au 1er février 2018, on dénombre 3103 femmes. 2482 sont détenues au sein d'un établissement pénitentiaire, exécutant une peine privative de liberté. Parmi elles, des mères de famille qui ont souvent la charge exclusive des enfants restés en milieu libre, mais aussi des femmes incarcérées avec leur bébé. Mais les efforts du droit positif et de la pratique pénitentiaire pour leur assurer le respect de la vie familiale et veiller au maintien d'un lien mère-enfant sain, des difficultés juridiques et psychologiques subsistent.

(Coll. Bibliothèques de droit, 158 p., 17,5 euros)

ISBN : 978-2-343-15834-1, EAN EBOOK : 9782140103681

CONSTITUTIONNALISME ET MÉTISSAGE CULTUREL AU-DELÀ DES DROITS DE L'HOMME

Salvatore Bonfiglio

Les sociétés multiculturelles demandent une réinterprétation des principes constitutionnels, capable de favoriser la cohésion sociale, notamment par l'extension des droits fondamentaux aux « non-citoyens ». Il s'agit de reconnaître à l'individu en tant que tel un statut de droits fondamentaux, pour affirmer ainsi le caractère à la fois moral et juridique de la dignité de la personne.

(Coll. Harmattan Italia, 208 p., 26 euros)

ISBN : 978-2-336-31233-0, EAN EBOOK : 9782140103193

LA PROCÉDURE

Sous la direction de Joanna Genovese et Giovanna Debernardi

La procédure est souvent perçue par les parties comme une source de difficultés supplémentaires dans la résolution d'un conflit. Elle est en réalité protectrice des droits des individus. Il n'existe pas qu'une procédure mais une pluralité. Il est question de procédure civile, de procédure collective, de procédure pénale... La procédure s'adapte en fonction des contraintes et besoins tant par la dématérialisation que la déjudiciarisation.

(Coll. Droit privé et sciences criminelles, 138 p., 16,5 euros)

ISBN : 978-2-343-15460-2, EAN EBOOK : 9782140102769

LE RECOURS AUX MODES ALTERNATIFS DE RÈGLEMENT DES LITIGES EN MATIÈRE DE PROPRIÉTÉ INTELLECTUELLE

Jean Tankeu

Préface de Joseph Fometeu

La mondialisation et le développement des échanges économiques posent de nouveaux défis en matière d'application des droits de propriété intellectuelle. Plus le commerce et les affaires s'intensifient au niveau international, plus la question des effets des droits de propriété intellectuelle et de leur application au-delà des frontières nationales devient pertinente. D'où le développement du contentieux non juridictionnel international de la propriété intellectuelle auquel l'auteur consacre cet ouvrage.

(326 p., 33 euros)

ISBN : 978-2-343-15648-4, EAN EBOOK : 9782140102653

MÉTHODOLOGIES DE LA SÉCURITÉ URBAINE

François Dieu, Bruno Domingo

Quelles sont les méthodologies de la sécurité urbaine ? Comment réaliser un diagnostic local de sécurité ? Quelles sont les précautions à prendre avec les chiffres de la délinquance ? Comment mesurer le sentiment d'insécurité et la victimisation ? Quelles sont les modalités de diffusion de l'information au sein des dispositifs de prévention ? Comment mettre en place un observatoire local de la délinquance ? En bref, comment impulser une réflexion objective et un partenariat dynamique pour une politique de sécurité efficace ?

(Coll. République et sécurité, 276 p., 28,5 euros)

ISBN : 978-2-343-15718-4, EAN EBOOK : 9782140102295

DROIT DES ENTREPRISES INDIVIDUELLES

Commerçant / Entreprenant / Bail à usage professionnel / Fonds de commerce / Vente commerciale / Commerce électronique

Cheikh Abdou Wakhab Ndiaye

L'entreprise est une notion moderne et polysémique qui n'a fait son apparition que très récemment dans le droit sénégalais. L'entreprise individuelle concerne le commerçant, personne physique, et l'entreprenant. Son droit est un véritable droit du développement. Il matérialise une volonté de promouvoir l'initiative privée par, d'une part, la facilitation des conditions d'accès au monde des affaires et, d'autre part, la mise en place d'un climat favorables aux investissements. Il est ainsi un creuset où les droits OHADA, UEMOA et sénégalais sont conjugués pour la réalisation de cette ambition.

(Coll. Harmattan Sénégal, 404 p., 40 euros)

ISBN : 978-2-343-15882-2, EAN EBOOK : 9782140102196

Structures éditoriales du groupe L'Harmattan

L'Harmattan Italie
Via degli Artisti, 15
10124 Torino
harmattan.italia@gmail.com

L'Harmattan Hongrie
Kossuth l. u. 14-16.
1053 Budapest
harmattan@harmattan.hu

L'Harmattan Sénégal
10 VDN en face Mermoz
BP 45034 Dakar-Fann
senharmattan@gmail.com

L'Harmattan Cameroun
TSINGA/FECAFOOT
BP 11486 Yaoundé
inkoukam@gmail.com

L'Harmattan Burkina Faso
Achille Somé – tengnule@hotmail.fr

L'Harmattan Guinée
Almamya, rue KA 028 OKB Agency
BP 3470 Conakry
harmattanguinee@yahoo.fr

L'Harmattan RDC
185, avenue Nyangwe
Commune de Lingwala – Kinshasa
matangilamusadila@yahoo.fr

L'Harmattan Congo
67, boulevard Denis-Sassou-N'Guesso
BP 2874 Brazzaville
harmattan.congo@yahoo.fr

L'Harmattan Mali
Sirakoro-Meguetana V31
Bamako
syllaka@yahoo.fr

L'Harmattan Togo
Djidjole – Lomé
Maison Amela
face EPP BATOME
ddamela@aol.com

L'Harmattan Côte d'Ivoire
Résidence Karl – Cité des Arts
Abidjan-Cocody
03 BP 1588 Abidjan
espace_harmattan.ci@hotmail.fr

L'Harmattan Algérie
22, rue Moulay-Mohamed
31000 Oran
info2@harmattan-algerie.com

L'Harmattan Maroc
5, rue Ferrane-Kouicha, Talaâ-Elkbira
Chrableyine, Fès-Médine
30000 Fès
harmattan.maroc@gmail.com

Nos librairies en France

Librairie internationale
16, rue des Écoles – 75005 Paris
librairie.internationale@harmattan.fr
01 40 46 79 11
www.librairieharmattan.com

Lib. sciences humaines & histoire
21, rue des Écoles – 75005 Paris
librairie.sh@harmattan.fr
01 46 34 13 71
www.librairieharmattansh.com

Librairie l'Espace Harmattan
21 bis, rue des Écoles – 75005 Paris
librairie.espace@harmattan.fr
01 43 29 49 42

Lib. Méditerranée & Moyen-Orient
7, rue des Carmes – 75005 Paris
librairie.mediterranee@harmattan.fr
01 43 29 71 15

Librairie Le Lucernaire
53, rue Notre-Dame-des-Champs – 75006 Paris
librairie@lucernaire.fr
01 42 22 67 13

www.ingramcontent.com/pod-product-compliance
Lightning Source LLC
LaVergne TN
LVHW010927061026
849535LV00007B/2271
* 9 7 8 2 3 4 3 1 6 4 0 1 4 *